KB089070

토지 투자자에게
반드시 필요한 지식 101

토지 투자자에게 반드시 필요한 지식

101

김현기 지음

두드림미디어

프롤로그

토지 투자는 용어 해설(해석)과 숙어 숙지에서 출발한다.

부동산과 관련된 은어, 신조어도 증가해 용어 분석은 투자자의 필수코스가 되었다. 모르면 안 된다. 불통이 될 수 있다. 투자자의 사명은 나와 이데올로기가 맞는 전문가와의 만남이겠지만, 그 전에 부동산 용어 해석에 집중해야 한다. 전문가나 지자체 공무원과 수월한 대화와 상담을 위해서다.

한 지역이 발전하려면 해당 지역 주인인 주민과 위정자의 대화가 수월해야 한다. 투자에 성공을 위해서는 반드시 나와 지자체 간의 커뮤니케이션이 매우 중요하다. 그것의 징검다리 역할은 기본에 성실히 임하는 것이다.

부동산 상용어는 부동산 공법과 직결된다. 가령 용도지역, 지구단위계획구역 등은 자주 사용하는 상용어이자 공법이다. 공적인 단어들이다. 기억하기보다는 이해하려고 노력하자. 이해는 내 머릿속에 기본을 기록(저장)하는 행동이지만, 오해는 내 머릿속을 저격하는 자해행위이기 때문이다.

따라서 토지 투자자가 되고자 한다면 항상 이해하려고 노력하자.

자각과 착각의 생각 차이, 그리고 오해와 이해의 개념 차이는 크다. 해석 과정은 고착관념을 타파하는 과정이자, 새로운 부동산 노하우를 발견하는 것이다. 그중 하나가 우리 사회의 필요악으로 자리매김 중인 기획 부동산 회사의 필요성이다. 중개업소는 줄고 있지만 기획 부동산 회사는 증가 일로를 달리고 있다.

경기가 안 좋다고 해도 기획 부동산 회사의 수적 가치는 꾸준히 지속되고 있다. 그만큼 우리 사회에는 소액 투자자인 개미들이 많다는 증거다. 부자는 기획 부동산 회사를 통해 투자하지 않는다. 부자는 기획 부동산 회사를 차린다. 부자의 기획 능력은 탁월하다. 필자는 기획 부동산 회사를 운영하는 부자들을 많이 봐왔다. 졸부도 많이 봤다. 그들의 공통점은 도덕적이지 않아 지속성이 떨어진다는 점이다. 떴다방(이동 복덕방)에 불과하지만, 사회에 미치는 영향력이 크다.

차제에 토지 투자자들은 기획 부동산 회사의 속성에 관한 철두철미한 공부가 필요하다. 오해 대신 이해를 해야 하기 때문이다(오해는 퇴보의 다른 말이다).

'쓸모 있는 기획 부동산 회사'도 존재하므로 괜찮은 기획 부동산 회사를 선택하는 방법을 반드시 인지(숙지)해야 한다(1억 원 이하의 소액 땅 투자자의 경우).

이번 책은 필자가 과거 초심으로 돌아가 왕초보자들에게 전하고자 하는 기본 베이스를 서술형으로 표현한 것이다. 상수(고정적, 법과 약속)를 통해 변수(해석)를 설명했다. 다소 난해한 단어들을 쉽게 나름대로 해석하고 열거했기에 실전에 임하는 초보자들에게 도움이 될 것으로 기대한다. 필자의 경험과 느낌으로 열심히 쓴 만큼(고민이 컸다) 여러분의 적극적인 수용(이해력 증강)을 바란다.

초보자들에게 반드시 필요한 사안들을 순서와 상관없이 나열한 만큼 자신에게 꼭 필요한 덕목을 가슴 깊숙이 명기했으면 한다. 노하우란 돈을 왕창 버는 것이 아니라 리스크의 크기를 확 줄이는 것이다. 사물과 사안에 관한 핵심(급소) 발견이 모든 투자자의 지상과제다.

기회는 이중성을 가지고 있다. 기회란 나의 힘과 노력으로 발견할 수도, 발명할 수도 있기 때문이다. 여러분은 기회를 만드는 쪽인지, 아니면 찾는 쪽인지 매우 궁금하다.

비유컨대 기회를 만드는 것은 땅 투자로 말한다면, 실수요가치를 극대화하는 것이다. 반대로 기회를 찾는 것은 100% 시세차익을 바라는 가수요자라고 할 수 있다.

토지 투자를 하고 나서 실망하지 않으려면 이 두 가지 덕목, 즉 기회의 이중성과 투자의 이중성을 함께 조율해나갈 준비, 즉 구비되어 있어야 한다. 이런 준비가 되지 않고서는 투자에 대해 만족감을 느끼기 힘들다.

준비가 잘 된 사람과 덜 된 사람의 차이는 질문에서 나타난다. 우문을 던지는 사람은 투자금을 아무 데나 던진다. 잘못된 만남은 추후 부메랑으로 되돌아온다.

부디 이번 책을 통해 잘 준비된 여러분이 되었으면 좋겠다.

글 안에서 집중적으로, 반복적으로 강조한 대목과 사안들은 매우 중요한 항목이므로 절대로 잊어서는 안 된다.

김현기

CONTENTS

Part 03. 토지는 변수를 먹고 사는 재화다

Part 04. 토지는 모든 지상물의 원자재다

Part 01

토지는
잠재력의 화신이다

001

전 국민 92%가 전 국토 17%에 해당하는 도시지역에 거주한다

국토를 수도권과 비수도권으로 대별하듯(지역 분류), 편의상 도시 및 비도시지역으로도 구분(용도 분류)할 수 있다.

2023년 기준 도시 및 비도시지역이 차지하는 비율은 다음과 같다.

도시지역이 차지하는 비율 : 16.7%

관리지역이 차지하는 비율 : 25.8%

농림지역이 차지하는 비율 : 46.3%

자연환경보전지역이 차지하는 비율 : 11.2%

도시지역의 경우 미지정지역은 4.9%를 차지하고 있다.

주거지역 : 15.4%

상업지역 : 1.9%

공업지역 : 7%

녹지지역 : 70%

미지정지역은 용도지역제에 따른 용도지역이 지정되지 않은 지역이며, 도시 및 비도시지역의 정의는 다음과 같다.

도시지역은 '국토의 계획 및 이용에 관한 법률'에 의한 용도지역 중 하나다. 주거지역, 상업지역, 공업지역, 녹지지역으로 구분한다. 쉽게 설명하자면 주거지역은 잠자리, 상업 및 공업지역은 일자리를 말하는 것이다. 개발의 바탕화면인 녹지지역은 놀 자리로 대변된다. 녹지지역 안에서 주거지역 등이 조성되다 보니 녹지지역이 곧 모든 지역의 개발재료인 셈이다. 녹지지역은 대자연의 가치를 대신한다. 대자연은 대도시의 재료이기 때문이다. 도시지역의 상업지역, 공업지역, 주거지역은 대도시의 재료로서 십분 활용되고 있다. 특히 자연녹지지역의 가치가 높다. 인구가 증가하면서 주거시설이 필요함에 따라 일반주거지역으로 용도변경된 사례가 있기 때문이다. 대표적인 사례가 분당신도시다. 애초 면적 대비 커진 지경(地境)이다.

도시지역으로부터 분기(세분화)된 지역들은 다음과 같다.

주거지역 : 일반주거지역(1, 2, 3종), 전용주거지역(1, 2종), 준주거지역
상업지역 : 일반상업지역, 근린상업지역, 유통상업지역, 중심상업지역
공업지역 : 준공업지역, 일반공업지역, 전용공업지역
녹지지역 : 자연녹지지역, 생산녹지지역, 보전녹지지역

관리지역은 도시지역의 인구와 산업의 집중 및 과밀화의 분산 수용 목적으로 그 존재감이 높다. 마치 수도권에 지속되고 있는 과밀화 현상으로 인해 그 대안으로 충청남도 일부 지역을 선점하듯 관리지역의 필요성이 갈수록 커지고 있다. 도시지역의 대안으로 상용 중이다. 특히 계획관리지역은 도시지역을 준비 중인 '예비 도시지역'이다.

관리지역은 토지 적성평가에 따라 보전관리지역, 생산관리지역, 계획관리지역으로 세분되어 지정 및 관리하고 있다.

보전관리지역은 도시지역의 보전녹지지역에 준하는 지역이며, 생산관리지역은 생산녹지지역에 준한다. 계획관리지역의 강점은 도시지역의 자연녹지지역 역할을 기대할 수 있다는 점이다. 도시지역으로의 편입이 쉽게 예상되어 개선의 가능성이 늘 높은 지역이다.

농림지역 : 농업의 진흥과 산림 보전의 목적으로 이용되는 지역
자연환경보전지역 : 수자원, 생태계 등 물과 산의 보전이 지상명제인 지역

도시지역 주거지역이나 상업지역은 세분화되나, 자연환경보전지역은 세분화되지 않는다. 보전가치가 워낙 높기 때문이다. 땅은 분할을 통해 가치가 높아지는데 분할 역시 세분화(구체화) 과정의 다른 말이다. 세분화 과정 중 기회의 땅이 목격된다는 데 주목하자.

002

토지 이용 가치를 극대화할
용도지역, 용도구역, 용도지구

토지 이용과 관련된 '용도'의 강점은 체계적이고 조직적인 개발의 모토가 될 수 있다는 점이다. 사용용도가 높아야 성공적인 개발을 보증(보장)받을 수 있다. 사용가치가 낮으면 개발에 실패한 것이다.

용도지역 지정의 목표(필요성) : 토지의 효율성의 극대화를 통해 난개발에 따른 공급과잉 확대를 근원적으로 정리 정돈한다. 미분양현상을 사전에 방지할 수 있는 모토가 될 수 있다.

용도지구 지정의 목표 : 용도지역의 보완 및 보지(역시 토지 이용의 효율화를 위해 존재한다. 토지이용계획확인원을 통해 본연의 기능을 확인할 수 있다)

용도구역의 지정 목적 : 용도지역 및 지구의 보완

땅은 분할과정을 통해 진화한다. 마찬가지로 용도 역시 분화가 가능하다. 새로운 가치를 발견할 기회다.

용도를 통해 파생되는 효과는 상당하다.

용도지역 : (예) 도시지역, 관리지역, 농림지역, 자연환경보전지역

용도지구 : (예) 경관지구, 고도지구, 방화 및 방재지구, 보호지구(역사문화환경보

호지구, 생태계보호지구, 중요시설물보호지구), **취락지구**(자연취락지구, 집단취락지구),

개발진흥지구(주거개발진흥지구, 산업·유통개발진흥지구, 관광·휴양개발진흥지구, 복합

개발진흥지구, 특정개발진흥지구), **특정용도제한지구, 복합용도지구**

용도구역 : (예) 개발제한구역, 도시자연공원구역, 시가화조정구역, 수산자원보

호구역, 입지규제최소구역

이로써 용도의 존재가치(현재가치, 건폐율 + 용적률)를 통해 규제범위 및 수위(정도)를 견지할 수가 있다. 건축과정에서 건물 크기를 결정할 수가 있는 것이다. 용도는 규제와 일맥상통한다. 개발은 규제해제지역에서 통용되기 때문이다.

003

용도의 바로미터, 지구단위계획구역의 가치

용도의 바로미터인 지구단위계획구역의 기능을 이해해보자. 지구단위계획구역은 주거형, 산업유통형, 관광휴양형, 특정 및 복합형 등으로 개발계획을 수립해, 난개발을 방지하고 개발의 타당성을 높이고자 할 때 필요한 조치(가치)로 지정한다.

그 대상이 비교적 자유로워서 긍정적인 평가를 받고 있다. 완성도 높은 토지(대지)와 완성도 낮은 토지(맹지)의 활용도를 극대화해 토지 이용의 효율화에 집중할 수 있기 때문이다.

문제는 개발의 효율성과 타당성이 100% 보장받을 수 없다는 것이다. 거의 난개발 수준이다. 토지이용계획확인원의 토지 용도를 움직이는 힘의 원천으로 너무 자주 쓰이고 있어 거의 남발 수준이다. 이를테면 용도 등에 대한 제한을 완화하거나 대지건물비율, 용적률을 완화해 그 가치를 인정받는 상황이지만 희소성을 의심받고 있다.

단 도시지역 자연녹지지역의 기능처럼 인구가 팽창해서 주거기능 강화가 필요할 때, 지구단위계획구역의 지정은 적정한 조치(가치)라고 여겨진다.

제1종 지구단위계획구역의 범위 : 도시지역
제2종 지구단위계획구역의 범위 : 비도시지역

1, 2종의 차이점은 희소성의 차이다. 도시지역의 희소가치가 더 높다. 비도시지역은 관리지역, 농림지역, 자연환경보전지역 등 보전가치가 높은 공간이기 때문이다.

참고로, 서울특별시는 '특별하게'도 100% 도시지역으로 구성된 대한민국에서 가장 높은 희소가치를 보유한 도시다. 인구밀도가 가장 높은 곳으로서 지구단위계획구역으로 지정된 곳도 너무나 많다.

주의할 것은 역세권의 권력이 모두 강하지 않은 것처럼 지구단위계획구역으로 지정된 공간 역시 모두가 강한 것은 아니라는 사실이다. 주거인구의 영역을 바로 알아보지 않으면 안 되는 이유다.

지정 목적이 단순한 개발인지 아니면 인구폭증에 의한 갑작스러운 지정인지 지정날짜와 목적에 집중할 필요가 있다.

004

건폐율과 용적률, 그리고
지상물과 지상권이 추구하는 모토

용도의 존재가치(현재가치)를 수치(수적가치)를 통해 확인할 기회가 있다. 바로 건폐율과 용적률이다.

예를 들어 제2종 일반주거지역의 건폐율과 용적률은 각기 60%와 250% 이내다(그밖에 지자체 조례에 따른다. 변수에 따른다).

건폐율 : 바닥면적이다. 미완성물인 생땅의 존재가치를 알릴 수 있는 유일한 길이 건폐율이다. 땅은 법적으로 용적률을 사용할 수가 없기 때문이다.

용적률 : 연면적을 의미한다. 단 지하를 제외한다. 도로 크기와 개발청사진의 크기에 따라 용적률이 진화, 완화된다. 재건축과정에서 화두가 되는 게 바로 용적률에 대한 변수다. 용적률의 모태가 곧 용도이기 때문이다. 용도변경현상이 일어났다는 것은 용적률이 강화, 진화, 완화되었다는 반가운 소식이다.

인구에 의해 용적률이 바뀐다. 주거인구이든 투자 세력이든 인구에 의해 용적률은 진화한다. 용적률이 변하면 지상물과 지상권도 덩달아 진화한다.

지상물 : 완성물을 의미하며 미완성물인 땅과 대비된다. 지상권은 지상물에 대한 대지의 가치, 즉 대지 지분을 보증하는 모토다. '땅의 권력'이다. 땅에 관한 권리금(프리미엄)은 다양하다.

21세기 개발의 모토는 건폐율 대신 용적률의 집중화다. 바닥면적은 줄이고 용적률에 집중한다. 공간과 공간 사이를 넓혀 녹지공간을 크게 확보하고, 투자 가치 활성화에 집중하는 것이다. 마천루가 지역 랜드마크로 자리 잡은 지 오래다.

과거 단독주택이 많을 때는 개인의 마당(정원)이 있었지만, 아파트가 난무한 지금의 경우 정원은 공동으로 사용 중인 녹지지역인 것이다. 녹지율과 용적률 관계를 제대로 정립, 정리하는 것이 중요하다. 희소가치가 높아지기 때문이다. 한편 투자 가치가 낮으면, 즉 용적률에서 희망을 잃으면 미분양, 공실의 우려가 커진다.

이로써 용적률, 지상물의 지상권은 하나로 연동하는 것이다. 절대로 단절되지 않는다.

용적률의 완화는 지역입지와 브랜드 가치에 지배를 받는다.

건폐율은 대지면적에 대한 건축면적의 비율로서 용적률과 함께 해당 지역의 개발밀도를 가늠하는 척도로 사용된다. 용적률은 대지면적에 대한 연면적의 비율을 말한다.

용적률 신청 시 지하층 면적, 지상층 주차용으로 쓰는 면적, 공동시설 면적, 초고층 건축물의 피난안전구역의 면적은 제외한다.

005

땅의 리모델링인 형질변경은
전용과정 중 하나다

집(완성물)과 달리 땅은 전용과정이 꼭 필요하다.

전용(轉用)은 용도변경의 품격(용도지역의 품격이 변하는 건 공적 사안이지만, 전용 과정은 개별적인 사안이다)이라고 할 수 있다.

완성도 낮은 땅을 대표하는 농지와 산지(임야)는 전용 대상이다. 농지는 전(田), 답(畓), 과수원, 목장용지 등을 일컫는다.

산지가 전 국토의 63%를 차지하며, 농지 중 답과 전은 각기 11.1%와 7%를 차지한다. 산지 및 농지전용과정은 생지가 대지화되어 환금화 속도를 높일 기회다. 완성도 낮은 땅에서 완성도 높은 땅으로 변환하는 과정으로, 이는 건축과정을 통해 외부로 나타난다.

전용과정은 형질변경과정, 지목변경과정 등이 포함되는데 절토(切土), 성토(盛土), 복토, 정지(땅을 정리하는 작업) 및 포장과정이 바로 형질변경과정이다. 아파트만 리모델링 대상이 아니다. 땅도 리모델링할 수가 있기 때문이다. 형질변경을 통해 가치를 승화시킬 수 있다. 맹지에 도로 개설을 하는 작업 역시 땅의 리모델링 중 하나다. 성형수술이나 시술 과정을 통해 존재가치를 높이는 것이다. 환금성이 높아진다. 변화와 진화의 속도가 빠르기 때문이다.

형질변경은 미완성물인 토지(맹지)에 제한한다. 절토, 성토, 정지, 포장 등의 방법으로 토지의 형상(현재의 가치)을 변경하는 행위다. 공유수면매립도 여기에 해당된다. 이로써 완성물(지상물)인 주택과 달리 토지는 개인(지주)의 창의력과 기획 능력이 뒷받침된다면 짧은 기간 내에 큰돈을 거머쥘 수가 있다. 단기 규제의 사슬에서 자유로울 수 있는 게 개별적 전용과정인 것이다. 토지 거래허가구역에 제한을 받지 않는다.

아이러니한 것은 단기간 내 큰돈을 거머쥐는 행위를 투기로 여기는 우리나라에서 개인의 개발과정을 통해 단기간 내 큰돈을 거머쥐는 행위에 대해서는 터치(개입 + 단속)를 일절하지 않는다는 점이다. 전용과정을 실수요가치로 보기 때문이다.

생지(生地)
한 번도 파헤친 적이 없는 생긴 그대로의 굳은 땅으로, 완성도가 몹시 낮은 맹지상태의 토지(=생땅)를 말한다.

006

난개발 그 이상인
대표적인 단기규제정책

　토지 거래허가구역과 개발행위허가제한지역의 차이점을 발견해야 하는 것은 대한민국에서 난개발 그 이상으로 남발하고 있는 단기규제정책이 바로 이 두 규제제도이기 때문이다.

　먼저 단기규제정책의 특징부터 바로 인지해야 한다.

　장기규제보다 단기규제는 그 효능이 크지 않아 불요불급(不要不急)하다. 거품과 투기를 일망타진(一網打盡)하겠다는 신념으로 토지 거래허가구역을 지정하나, 그 효과는 미진하다. 아파트 등 지상물에는 효과가 외부적으로 나타나나, 토지는 효과가 미진하다.

　아파트의 경우 토지 거래허가구역으로 지정되면 집주인이 직접 사용하지 않으면 안 된다. 규제기간 안에는 전월세를 주면 안 된다. 단속대상이고, 처벌대상이다. 갭 투자의 피해를 사전에 막기 위한 최선책이 지상물에 대한 토지 거래허가제도다. 현실적으로 괜찮은 제도다.

　토지는 반대다. 현실성이 떨어지기 때문이다. 토지를 대상으로 토지 거래허가구역을 지정하면 소액 투자자들은 소외되기 마련이다. 부자들에게는 이익이다. 맹지를 사서 내가 직접 도로를 개설하거나 지목변경 등을 통해 실수요가치를 극대화하면 되기 때문이다. 소액 투자자의 경우 땅 매입비용과 더불어 개발비용에 대한 부담감이 커, 토지 거래허가구역으로 지정된 땅을 언감생심 투자할 수가 없는 것이다.

즉, 토지 거래허가구역의 지정 목적은 100% 실수요자를 집합시키겠다는 명분이 다분하다.

토지 거래허가구역과 달리 개발행위허가제한지역의 지정은 현실성 높은 제도적 장치다. 선공후사의 정신이 투철하기 때문이다. 즉, 공익을 위해 사익을 버리자는 취지다. 국가나 지자체에서 개발을 선언(수립)하면 개인 투자자들은 그 공간에 접근 금지다. 개발공간 안에서는 절대로 개인적으로 형질변경 등의 행위를 할 수가 없다. 공익사업에 개인이 왈가왈부 개입할 수가 없다. 어차피 나중에 개발하게 되면 개인의 부동산들은 그 자리에서 철거된다. 개인이 개발하는 범위 대비 공익사업은 거대한 개발을 하는 것이기 때문이다.

토지 거래허가제 : 땅 투기와 거품 억제를 위해 국토교통부 장관, 시·도지사가 특정지역을 거래규제지역으로 지정하는 제도다. 최대 5년까지 지정이 가능하다.
구역 내에서의 토지 거래를 위해서는 시장이나 군수, 구청장 허가를 받아야 한다. 이 제도는 지난 1979년 처음 도입되었다.

개발행위허가제한지역 : 개발행위허가제한은 1회에 한해 3년 이내의 기간 동안 할 수 있다. 개발행위허가를 제한하려면 제한지역, 제한사유, 제한대상행위 및 제한기간을 미리 고시해야 한다.
개발행위허가제한지역은 개발로 인해 크게 손상이 우려되는 지역, 지구단위계획구역으로 지정되었거나 기반시설부담구역으로 지정되었을 때 해당된다.

기반시설부담구역

개발로 인해 도로, 공원, 녹지 등 기반시설의 설치가 필요한 지역을 대상으로 기반시설을 설치하거나 그에 필요한 용지 확보를 위해 지정 및 설정한 구역을 말한다.

007

지목의 의미(지목의 강점)를
제대로 관철하라

용도지역 입지도 중요하지만, 지목 상황도 중요하다.

용도지역은 개인적으로 바꿀 수 없지만, 지목은 개별적으로 변경할 수 있다.

그리고 지목 분포도를 통해 내 땅의 가치를 직접적으로 현장에서 점검할 수 있다. 내 땅의 지목이 완성도가 낮다고 염려할 필요가 없다. 내 땅 주변의 지목 상황을 통해 내 땅의 가치를 정밀하게 점검할 수 있기 때문이다. 가령 내 땅 지목이 낮은 임야지만, 내 땅 주변이 대지, 공장용지, 창고용지, 주차장 등으로 포진되어 있다면, 내 땅의 가치가 낮지 않다. 주변 가치가 높기 때문에 현장답사 시 유리하다.

용도지역과 지목을 통해 현장감을 확인할 때 정확도는 지목이 유리하다. 용도지역이 변했다고 해서 반드시 현장감이 높은 것은 아니기 때문이다. 그러나 지목은 다르다. 내 땅을 지목변경하거나 주변이 완성도 높은 지목들로 구성되어 있다면 현장감이 높다.

즉, 지목 분포도가 완성도 낮은 지목 위주로 나열되어 있는 곳은 무조건 현장감이 낮다. 예를 들어 임야로만 구성되어 있거나 농지 위주로 구성되어 있다면, 현장답사 시 실망을 크게 할 수 있다. 현장감이 현저히 낮기 때문이다.

용도지역이 일반주거지역이라고 해서 반드시 현장감이 높은 것은 아니다. 주거지역의 용적률을 사용하지 않은 맹지상태라면 현장감이 높지 않은 것이다.

지목은 토지의 주된 용도에 따라 토지의 종류를 구분해 지적공부에 등록한 것을 말한다. 토지 사용 목적에 따라 토지의 종류를 표시하는 명칭으로 28개로 구성되어 있다. 전, 답, 과수원, 목장용지(이상 농지), 임야, 광천지, 염전, 대(垈), 공장용지, 학교용지, 주차장, 주유소용지, 창고용지, 도로, 철도용지, 제방, 구거, 하천, 유지, 양어장, 수도용지, 공원, 체육용지, 유원지, 종교용지, 묘지, 잡종지, 사적지 등이 있다.

지목을 설정할 때는 필지마다 하나의 지목을 설정한다. 1필지가 둘 이상의 지목 용도에 사용될 때는 주된 사용 목적에 따른 지목을 설정한다. 지목이 중복되는 때는 등록 시기와 용도 입지 등의 순으로 지목을 정한다.

지목

1. 전 : 물을 사용하지 않고 식물을 주로 재배하는 토지와 식용을 위해 죽순을 재배하는 토지

2. 답 : 물을 직접 이용해 벼, 미나리 등의 식물을 주로 재배하는 토지

3. 과수원 : 과수류를 집단적으로 재배하는 토지와 이에 접속된 저장고 등 부속시설물의 부지(단 주거용 건축물의 부지는 '대'로 한다)

4. 목장용지 : 축산업 및 낙농업을 하기 위해 초지를 조성한 토지, 축산법에 의한 가축을 사육하는 축사 등의 부지

5. 임야 : 산림 및 원야(原野)를 이루고 있는 수림지, 죽림지, 습지, 황무지 등의 토지

6. 광천지 : 지하에서 온수, 약수, 석유류 등이 용출되는 용출구와 그 유지에

사용되는 부지

7. 염전 : 바닷물을 끌어들여 소금을 채취하기 위해 조성된 토지와 이에 접속된 제염장 등 부속시설물의 부지

8. 대 : 영구적 건축물 중 주거, 사무실, 점포와 박물관, 미술관 등 문화시설과 이에 접속된 정원 및 부속시설물의 부지, 국토의 계획 및 이용에 관한 법률 등 관계법령에 의한 택지조성공사가 준공된 토지

9. 공장용지 : 제조업을 하고 있는 공장시설의 부지, '산업집적활성화 및 공장설립에 관한 법률' 등 관계법령에 의한 공장부지 조성공사가 준공된 토지

10. 학교용지 : 학교의 교사(校舍)와 이에 접속된 체육장 등 부속시설물의 부지

11. 주차장 : 자동차 등의 주차에 필요한 독립적인 시설을 갖춘 부지와 주차전용 건축물 및 이에 접속된 부속시설물의 부지

12. 주유소용지 : 정유소 및 원유저장소의 부지와 이에 접속된 부속시설물의 부지

13. 창고용지 : 물건 등을 보관 또는 저장하기 위해 독립적으로 설치된 보관시설물의 부지와 이에 접속된 부속시설물의 부지

14. 도로 : 도로법 등 관계 법령에 의해 도로로 개설된 토지, 2필지 이상에 진입하는 통로로 이용되는 토지, 고속도로 안의 휴게소 부지

15. 철도용지 : 교통운수를 위해 일정한 궤도 등의 설비와 형태를 갖추어 이용되는 토지와 이에 접속된 역사, 차고, 공작물 등 부속시설물의 부지

16. 제방 : 모래, 바람 등을 막기 위해 설치된 방조제, 방수제, 방사제, 방파제 등의 부지

17. 하천 : 자연의 유수가 있거나 있을 것으로 예상되는 토지

18. 구거 : 용수 또는 배수를 위해 일정한 형태를 갖춘 인공적인 수로, 둑 및 그 부속시설물의 부지와 자연 유수가 있거나 있을 것으로 예상되는 소규모 수로부지

19. 유지 : 물이 고이거나 상시적으로 물을 저장하고 있는 댐, 저수지, 소류지,

호수, 연못 등의 토지와 연, 왕골 등의 자생하는 배수가 잘되지 아니하는 토지

20. 양어장 : 육상에 인공으로 조성된 수산생물의 번식 또는 양식을 위한 시설을 갖춘 부지와 이에 접속한 부속시설물의 부지

21. 수도용지 : 물을 정수해 공급하기 위한 취수, 저수, 도수, 정수, 송수 및 배수시설의 부지 및 이에 접속된 부속시설물의 부지

22. 공원 : 일반공중의 보건, 휴양 및 정서생활에 이용하기 위한 시설을 갖춘 토지 로서 국토의 계획 및 이용에 관한 법률에 의해 공원 또는 녹지로 결정, 고시된 토지

23. 체육용지 : 국민의 건강증진 등을 위한 체육활동에 적합한 시설과 형태를 갖춘 종합운동장, 실내체육관 등 체육시설의 토지와 이에 접속된 부속시설물의 부지

24. 유원지 : 일반공중의 위락, 휴양 등에 적합한 시설물을 종합적으로 갖춘 수영장, 유선장, 어린이놀이터, 동물원, 식물원 등의 토지와 이에 접속된 부속시설물의 부지

25. 종교용지 : 일반공중의 종교의식을 위해 예배, 법요, 설교, 제사 등을 하기 위해 교회, 사찰, 향교 등 건축물의 부지와 이에 접속된 부속시설물의 부지

26. 사적지 : 문화재로 지정된 역사적인 유지, 고적, 기념물 등을 보존하기 위해 구획된 토지

27. 묘지 : 사람의 시체나 유골이 매장된 토지, 도시공원법에 의한 묘지공원으로 결정·고시된 토지 및 장사 등에 관한 법률에 의한 납골시설과 이에 접속된 부속시설의 부지

28. 잡종지 : 갈대밭, 야외시장, 공동우물, 영구적 건축물 중 변전소, 송유시설, 도축장, 자동차운전학원, 쓰레기 및 오물처리장 등의 부지, 다른 지목에 속하지 않는 토지

008

토지이용계획확인원과
지적도의 필요성

    사람으로 치면 토지이용계획확인원은 머리에 해당되고 지적도나 임야도는 다리에 해당된다. 토지이용계획확인원의 현 상황을 움직일 수 있는 능력은 바로 지적도에 있기 때문이다. 즉, 도로 상황이 좋지 않은 가운데서는 토지 이용을 할 수가 없는 것이다. 가치를 이동할 수 없는 지경이다.

    맹지 상태의 일반주거지역도 유명무실하다. 도로의 개설 가능성을 견지하는 방법을 모색해야 하는데, 지적도를 가지고 현장에 나가서 알아봐야 한다. 용도 상태(건폐율, 용적률)로는 역부족이다.

    토지이용계획확인원은 법적 효력이 없고 미래의 잠재력을 알아보는 도구로도 역부족이다. 이 서류는 순전히 현재가치를 알 수 있는 영역이기 때문이다. 그 현재가치를 작동할 수 있는 서류가 곧 지적도와 임야도인 것이다.

    토지이용계획확인원에서 확인할 수 있는 영역(범위)은 해당 토지에 대한 지역, 지구 등의 지정 및 행위 제한에 관한 내용과 규제 수위 등이다. 토지이용계획확인원은 이를 체크할 수 있는 확인 서류로, 용도 등 소프트웨어 상황과 개별공시지가, 면적, 지목 등 땅의 체격조건(하드웨어 상태)을 알아볼 수 있다.

다만 정밀하게 알아보려면 해당 지자체로 방문해서 담당 공무원과 상담해야 한다. 지자체 조례(자주법)에 의한 토지 이용 관련 변수도 만연하므로, 전문가 대신 해당 지자체 토지 이용을 담당하는 공무원을 만나는 것이 유리하다.

해당 지자체 땅에 대한 정확한 활용범위에 정확하게 알고 있는 사람은 전문가가 아니라 해당 지자체 공무원이다. 전문가도 해당 지자체 공무원을 통해 가치를 알아보기 때문이다.

토지이용계획확인원을 가지고 현장답사하기보다는 지적도를 가지고 현장에 가는 것이 더 낫다. 땅은 미완성물이기에 현장 모습과 토지이용계획확인원의 모습과는 딴판이기 때문이다. 완성물(지상물)과 달리 땅은 시세와 개별공시지가의 규모가 역시 딴판이다.

개별공시지가가 단돈 몇만 원인데도 평당 가격이 수백만 원을 호가하는 예도 태반이다. 땅은 주변 가치에 지배받는 재화이기 때문이다. 법적으로 땅의 용적률은 사용이 금지되어 있어 주변의 지상물의 용적률을 내 땅의 용적률을 대신해서 관찰해야 한다. 많은 초보자가 현장에서 실망하고 투자를 포기하는 건 내 땅의 용적률을 보려고 애쓰기 때문이다. 보이지 않은 곳을 보지 말고 보이는 곳(주변의 지상물들)에서 해답을 찾아야 한다.

> **토지이용계획확인원**
>
> 토지 이용규제 기본법에 따라 필지별로 지역, 지구 등의 지정내용과 행위 제한 내용 등의 토지 이용 관련 정보를 확인하는 서류
>
> 1. 지역, 지구 등의 지정 내용
> 2. 지역, 지구 등에서의 행위제한 내용
> 3. '부동산 거래신고 등에 관한 법률'에 따른 토지 거래계약에 관한 허가구역
> 4. '택지개발촉진법 시행령'에 따른 주민공람 공고의 열람기간
> 5. '공공주택특별법 시행령'에 따른 주민공람 공고의 열람기간
> 6. '건축법'에 따라 위치를 지정해 공고한 도로
> 7. '국토의 계획 및 이용에 관한 법률'에 따른 도시·군 관리계획 입안사항
> 8. '농지법 시행령'에 따른 영농여건불리농지
> 9. '공유수면관리 및 매립에 관한 법률' 제48조에 따른 매립목적 변경 제한
> 10. '산지관리법' 제21조 제1항에 따른 용도변경 승인기간
> 11. '경관법' 제9조 제1항 제4호에 따른 중점경관관리구역
> 12. 지방자치단체가 도시·군 계획조례로 정하는 토지 이용 관련 정보

참고 사이트

디스코 : www.disco.re

밸류맵 : www.valueupmap.com

온나라 : https://seereal.lh.or.kr

009

분양가상한제의
실효성

단기규제의 모토는 단순하다. 투기 수요 억제다. 억제의 효과는 늘 미진하다. 규제정책이 사후약방문, 즉 미봉책이다. 이미 해먹을 대로 다 해먹은 사람들이 분명히 존재하기 때문이다.

선수들에게는 단기규제목표가 너무 우습다.

주거인구는 활성화하고 가수요세력이나 유동인구 접근은 원천봉쇄하겠다는 의지가 다분하다. 주거인구는 실수요인구로 실용가치의 재료로 통용되고 있다.

분양가상한제의 모토는 부동산 자체(땅값 + 지상권 가치)로써 평가받고 주변가치를 전면 무시하는 것이다. 거품을 사전에 막겠다는 점에서 토지 거래허가제와 비슷한 성격을 지닌 제도다. 실수요가치를 우대해서 아파트 전월세를 허용하지 않겠다는 것이다.

분양가상한제는 주택분양가격을 택지비와 건축비를 더한 금액 이하로 제한하는 제도다. 지난 1999년 분양가자율화 이후 고분양가 논란과 주택가격 급등에 따른 시장 불안이 고조되었다. 이에 따라 투기수요 억제 및 실수요자 보존과 보호를 위해 지난 2005년 3월에 본격적으로 도입되었다.

그러나 분양가상한제의 실효성은 높지 않다. 윤석열 정권에 들어 사실상 폐지될 지경이다. 주택분양가를 일정 수준 이하로 설정하는 제도지만, 가격담합 행위를 인공적으로 막을 수 없는 가운데 그 실효성은 여전히 의심된다.

분양가격은 택지비와 건축비로 이루어지나, 토지 임대 분양주택의 경우에는 건축비만 허용된다.

토지 거래허가제보다 상한제 전매제한이 훨씬 강하다고 여겨질 정도다.

부동산을 공산품으로 여기라는 명령과 강요가 분양가상한제라는 단기규제 다. 부동산의 강점 중 하나인 잠재성(주변 가치의 힘)을 저격하고 오직 건물값과 토지 값으로 가격을 책정하라는 정부의 명령이다. 공산품의 대표적 상품인 자 동차는 잠재성이 없다. 오래되면 폐차시켜 흔적조차 찾을 수가 없기 때문이다. 주변 가치에 의해 가격이 결정될 수 없다.

부동산 가격이 폭등하는 이유는 주변 가치의 업로드 현상 때문이다. 전적으 로 필자 생각이지만 분양가상한제가 불요불급한 건, 부동산 고유의 성질을 파 괴할 수 있기 때문이다. 부동산 고유의 성질인 고정성은 대자연의 가치와 직결 된다. 영원히 그 뿌리와 근본은 사라질 수 없다.

사람이든, 단기규제든 그 성격이 비슷하다.

가령 싸움을 말리면 더 싸우려 들고 규제를 통해 가격 통제를 가하면 가할 수록 거품은 잠자지 않는다. 오히려 반기를 든다. 거품의 풍선효과가 세다.

호기와 객기를 부린다. 지난 문재인 정권 때 여러 차례의 단기규제를 통해 가 격을 잡으려다 된통(역풍) 혼나지 않았는가. 규제는 한 차례로 통한다. 그 효과가 미진하면 거기서 멈춰야 역풍(역효과. 부작용)을 막을 수 있다. 상처와 리스크의 크 기를 줄일 수 있는 것이다. 아니다 싶으면 빠르게 포기할 수 있어야 한다.

가격과의 전면전을 하기보다는 그 시간에 가치와의 전면전을 하는 것이 낫 다. 이를테면 진정한 토지 고수는 지역 중개업소를 방문할 때 가치를 묻지, 하수처럼 가격을 묻지 않는다. 가격의 실효성이나 정확성이 떨어진다는 사실을 잘 알고 있기 때문이다. 그래서 고수는 현지 중개업자에게 이런 질문을 던진다.

"주변에 정치인이나 재벌(대기업) 땅이 있나요?"

이런 개인적인 정보는 현지 지역 중개인들만이 알고 있는 일급 알짜 정보다. 진정한 가치는 존재하지만 진정한 가격이란 있을 수가 없다.

여하튼 분양가상한제는 가치보다는 가격에 집착하는 제도라고 생각된다. 가치가 올라가면 당연히 가격도 올라가는 당연한 논리(순리)를 인공적으로, 작위적으로 막을 수 없다.

010

그린벨트와
재개발, 재건축의 속살

그린벨트(개발제한구역) 토지에 투자할 때의 주의사항은 무엇인가?

해제보다는 완화에 집중하라. 집단취락지구에 신경 쓰되, 해제해서 대규모 아파트단지가 입성한다는 생각은 하지 마라. 규제해제공간은 신도시일대이기 때문이다.

집단취락지구 등 규제 정도가 낮은, 완화지역의 훼손도는 높아 개별적으로 개발가치가 높다. 수도권 역세권 인근의 그린벨트의 특징을 숙지하자. 유동인구가 많다면 완화의 가능성이 높기 때문이다.

수도권의 특징은 재건축, 재개발 1번지라는 것이다. 지방 대비 사용가치가 비교가 안 될 정도로 매우 높기 때문이다. 수도권은 그린벨트 해제의 가능성이 높다. 3기 신도시 개발공간이 곧 그린벨트 해제 공간 아닌가. 개발과 규제에는 입지에 따라 변수가 발생한다. 입지(= 접근성)가 탁월하면 개발의 타당성이 높아지고 입지가 탁월하면 규제해제의 가능성이 높아진다.

규제해제공간 안에서 개발이 이루어진다. 예를 들어 대도시의 가치는 대자연의 가치로부터 생성되며, 주거 및 상업지역 역시 녹지지역을 통해 진화를 거친 것이다.

'현장의 훼손도와 노후도는 그린벨트 완화와 재건축 재개발 진척도의 가늠 기준'

훼손도는 그린벨트의 미래가치(완화 또는 해제)와 직결되어 중요한 변수다. 산은 미완성물이다. 훼손 정도에 따라 그 완성도가 달라질 수 있다. 지상물(주거시설) 주변의 그린벨트를 눈여겨보자. 야산 또는 악산으로 구성되어 있을 것이다. 역시 야산을 선택해야 한다. 악산은 접근성 낮은 절망적인 맹지의 모습이기 때문이다.

노후도는 재개발 재건축(주택, 지상물)의 낡은 상태에 따라 개발 진행속도가 달라진다.

규제 완화와 개발 진척도의 기준은 훼손도가 높을수록 해제의 가능성이 커진다. 노후도가 높을수록 재개발의 가능성이 커진다. 시간이 흐를수록 삶의 질이 낮아지기 때문에 개발을 찬성하는 자가 급증한다. 불편한 삶이 개발을 동의하는 이유다.

그린벨트의 훼손 정도는 인구와 관련 있어 그린벨트 사용자를 꼭 알아볼 필요가 있다. 그린벨트 훼손 정도는 사용자인 '인구'에 의해 결정되고 노후 정도는 '시간'과 관련된 사안이다. 차이가 있다.

재개발 – 지역혁신(공공성↑)
재건축 – 지역변신(공공성↓)

개발 과정과 재개발 과정은 차이가 크다.

개발 과정 – 접근성 높은 맹지가 개발 대상

재개발 과정 – 대지가 그 대상

출처 : 저자 제공

재개발은 재건축과 비슷하지만, 재건축과 달리 정비하는 기반시설 전체가 열악한 경우다. 건물만 새로 지으면 재건축이다. 낙후된 동네 전체를 도로 등 기반까지 싹 갈아엎으면 재개발이다. 재개발은 대단위로 묶어 한방에 그 지역을 날리고 새로 계획도시를 짓는 수준까지 발전하게 되면 뉴타운사업이 된다.

사업방식은 3가지로 분화된다.

1. 보전재개발 : 사실상 도시 재생과정이다. 현 상태를 유지 관리하는 것이 주 목적이다.

2. 수복재개발 : 기존의 도시 골격은 그대로 유지한 채 노후화된 건물이나 열악 한 시설만 도려내어 교체하는 것이다.

3. 전면재개발(철거재개발) : 재개발 유형 중 가장 변화가 크며 공사 후 원주민

재정착률이 가장 낮다.

따라서 전면보다는 수복이 유리하다. 실용가치와 실효성, 현실성이 모두 높기 때문이다. 재개발 입지와 입장은 확고부동하다. 인구에 의해 미래가치가 변한다. 노인인구가 증가할수록 개발의 진척도가 낮아진다.

개발 타당성의 기준은 인구증가현상이다. 규제해제의 조건 역시 인구증가다.

재개발의 조건은 전적으로 시간이다. 시간이 흐르면 낡고 늙기 마련이다. 즉, 시간이 흐르면 무조건 개발 대상이 된다. 삶의 질이 추락하게 되면 보수적 성향의 노인인구도 변화와 진화에 동참하기 마련이다.

재개발, 재건축, 그린벨트 해제의 공통점은 진행과정과 기간이 너무 오래 걸려 기다리다 지레 지쳐버린다는 것이다. 끈기와 인내력의 한계를 수시로 느끼게 된다.

재개발은 완성도 높은 대지에 돈을 던지고, 개발은 접근성 높은 맹지에 돈을 던지는 행위다. 이를테면 훼손 정도가 심한 그린벨트 땅에 과감히 돈을 던진다. 잦은 자연재해에 의해 손상된 그린벨트의 가치는 거반 무가치하다. 인간의 손과 발(개발과정이 아닌 인구유입효과)에 의해 훼손된 그린벨트의 가치가 높다.

011

택지, 대지, 획지, 필지, 맹지의 잠재적 가치

맹지가 많은 우리나라는 미개발지역이 많다.

맹지의 가치를 가늠하는 방법이 있다. 택지와 대지의 과거는 무조건 맹지다. 경제적 가치 대비 역사적 가치로는 맹지가 대지를 압도한다. 맹지가 분만한 땅이 바로 대지이기 때문이다. 분할가능성이 높은 맹지의 가치가 높은 평가를 받는 이유이리라.

맹지가 곧 완성도 높은 부동산(택지+대지)의 재료인 셈이다. 접근성 높은 맹지의 가치가 높은 까닭이리라. 그런 맹지를 발견하는 방법이 곧 땅 투자 노하우인 것이다. 노하우는 급소 발견이다. 단순하다. 핵심은 늘 복잡다단하지 않기 때문이다. 맹지가 분만한 택지와 대지를 알아보는 것도 토지 투자자의 사명 중 하나다.

택지의 잠재가치를 살펴보겠다. 택지란 주택뿐 아니라 상업 및 업무시설과 관련된 토지도 포함될 지경이라 택지 활용범위는 광대하다. 마치 토지 투기 지역이 토지뿐 아니라 상가 등에도 적용되는 것처럼 그 범위가 광대하다. 이로써 택지 개념은 거대한 것이다. 오해하면 안 된다. 즉, 주거시설에는 상업 및 공업시설도 필요하다. 주거시설이 상업 및 공업시설, 편익시설 등을 분만한 셈이다.

택지는 토지 이용의 기능적 분류의 하나다.

주거용 또는 부수 건물의 건축용지로 이용이 가능한 토지다. 법률상 택지는 '택지개발촉진법'에 따라 개발, 공급되는 주택건설용지 및 공공시설용지를 의미한다.

주택을 건설하는 용지뿐 아니라 도로, 공원, 학교 등 기반시설과 상업 및 업무시설을 설치하기 위한 토지를 포함하는 포괄적인 힘(자족 기능)이 함축되어 있는 것이다.

주택건설용지 : 주택과 근린생활시설을 건축하기 위한 토지
공공시설용지 : 기반시설과 자족시설을 설치하기 위한 토지

택지가 공공성이 강한 완성도 높은 땅이라면 대지는 개별성이 강한 완성도 높은 땅이라 할 수 있다. 지적법에 의해 각 필지로 구획된 정제된 토지가 곧 대지다.

집을 지을 수 있는 환경조건을 갖춘 한 필지의 토지인 것이다. 영속성을 지닌 대지 지분의 근원이 곧 대지다.

대한민국 모든 땅의 바탕화면이 있다. 획지와 필지가 바로 그것이다. 획지는 건축용지를 분기하면서 쓰이는 일정 단위의 광범위한 대지형태로, 가구(街求)를 분할한 구획 내부에 확정된 1단위의 건축 공지(공간)를 말한다.

획지가 광범위하다면 필지는 지극히 작다. 지목 그 이상으로 상용어로 지금도 쓰이고 있다. 획지 대비 개별적으로 구체적으로 알아볼 기회다.

필지는 토지 구분의 기준이다. 가령 지번부여지역의 토지로 소유자와 용도가 같고 지반 연속의 토지였으면 1필지로 인정한다. 넓게 편의상 필지 의미와 지목의 의미는 일치한다고 본다. 개별성이 강한 면이 있고 현장답사 시 쉽게 구분할 수 있어서다.

획지나 택지가 일반인이나 개미 투자자들에게 다가올 감정은 크지 않다. 체감 및 공감능력이 낮다.

필지(筆地)의 필은 구획된 논, 밭, 임야, 대지 등을 세는 단위다. 구분 단위로 토지 구역 경계로 구분해 국토를 등록하는 기본 세포라고 할 수 있다.

택지, 대지 등을 공부하기에 앞서 맹지의 의미도 제대로 인지할 필요가 있다. 택지 등 완성도 높은 토지의 과거가 모두 맹지였기 때문이다. 획지가 필지의 바탕화면인 것처럼 맹지는 모든 지상물의 바탕화면이다.

맹지는 건축법에 의해 도로에 2m 이상 접할 수 없는 지경일 때 맹지로 인정받는다. 국토를 도시 및 비도시지역으로 대별하듯 맹지 또한 대별이 가능하다. 국토 전반에 포진되어 있는 땅이 곧 맹지다.

도로 개설이 가능한 맹지의 가치는 높다. 인접 토지의 적성평가가 중요한 이유다. 반면 도로 개설이 불가능한 맹지도 있다. 악산이 주변에 분포되어 있을 것이고 민통선 주변 땅이 이에 포함될 수가 있다. 또한, 그린벨트 주변이나 물과 산이 공존하는 금수강산에 접근성이 낮은 맹지가 포진되어 있을 것이다. 이런 공간은 희망을 쓸 수가 없다. 사람보다는 야생동식물의 보호가치가 너무나 높기 때문에 사람 접근은 엄두도 못 낸다.

012

복합개발진흥지구와
특정개발진흥지구의 차이점

부동산 상용어 중 '복합'의 의미와 '단합'의 의미는 강하다. 지역적으로 멀티 및 조화의 가치를 담고 있기 때문이다.

예컨대 개발진흥지구 중 복합개발진흥지구의 '복합' 역시 단단한 지역 역할을 강조한다. 기능의 다양성과 다변화를 기대한다. 주거, 공업, 유통산업, 관광휴양의 기능 중 두 가지 이상의 기능을 중심으로 개발 및 정비할 필요성이 대두되는 지구로서 복합개발의 상승효과와 승수효과를 바라는 지역에 지정할 수가 있다.

특정개발진흥지구의 경우는 다르다.

주거, 공업, 유통산업, 관광휴양기능 외의 기능을 중심으로 특정(!)한 목적을 위해 개발 및 정비를 하겠다는 의지가 담겨 있기 때문이다. 복합개발진흥지구 대비 제한과 한도의 의미를 살짝 담고 있다. 특정개발진흥지구 안에서 영업 중인 공인중개사들에 따르면 이 개발진흥지구의 지정을 '규제'로 여기고 있다(예 : 부발역 일대).

도시지역 외에 지정된 개발진흥지구 안에서 건폐율과 용적률의 최대한도는 각기 40% 이하, 100% 이하의 범위 안에서 특별시, 광역시, 특별자치시, 특별자치도, 시 또는 군의 도시·군 관리계획수립지침에서는 자연환경보전지역, 문화재보호구역, 자연생태계보전지역, 접도구역, 상수원보호구역, 특별대책지역 등에는 개발진흥지구를 지정할 수 없다.

복합개발진흥지구와 특정개발진흥지구로 지정된 수도권의 대표적인 역세권은 다음과 같다.

2024년 서해선복선전철 개통을 앞둔 경기도 화성시 향남역 일대가 복합개발진흥지구로 지정된 상태다. 자연녹지지역에 복합개발진흥지구로 지정(서해선복선전철). 지목은 대지이며 역세권 토지 이용 면적은 1,545㎡다. 2024년 1월 기준 개별공시지가는 276,600원을 기록 중이다. 수도권정비계획법상 성장관리권역에 해당되는 지역이다.

경강선 일부구간(이천시)에는 특정개발진흥지구로 지정된 부발역(KTX)과 신둔도예촌역이 있다. 이천역의 경우 최근 특정개발진흥지구로부터 벗어난 상태다.

부발역은 생산녹지지역에 특정개발진흥지구로 지정되었다. 수도권정비계획법상의 자연보전권역으로 지정된 상태다. 지목은 밭(전)으로 되어 있고 역세권의 토지 이용 면적은 3,316㎡다. 환경정책기본법상 수질보전특별대책지역으로 지정되어 있다. 개별공시지가는 33,800원이다(2024년 1월 기준).

　신둔도예촌역은 생산녹지지역에 특정개발진흥지구로 지정되어 있다. 자연보전권역이며 수질보전특별대책지역이다. 지목은 밭이고 역이용 면적은 2,421㎡이며 개별공시지가는 86,800원이다(2024년 1월 기준).

013

역세권의
강점과 약점(역세권의 속살)

'초역세권'이 좋은 것만은 아니다. 역세권의 하드웨어 상태보다는 소프트웨어가 역의 가치를 드높이기 때문이다. 역세권 규모와 입지가 좋지만, 역을 사용하는 인구가 형편없다면 큰일이다. 역세권이라는 이유로 비싸게 샀지만, 역세권 효과가 미진하면 손해가 막심하다. 역세권의 하드웨어는 역의 규모다. 소프트웨어는 역을 사용하는 인구다. 역과의 거리가 아무리 가까워도 소비인구가 감소하고 있다면 이 역시 손해다. 주변 가치가 마구 속락하고 만다.

따라서 역세권 선정 기준을 단순히 거리에 둘 게 아니라 자리(입지)에 두어 인구수를 따져봐야 한다.

'역세권 거리 〈 역세권 자리'

역세권의 접근성이 좋지만, 아직 역을 이용하는 사람들이 부족하다면 역세권 개발을 실패한 것이다. 몇 초밖에 안 걸리는 초역세권이면 뭐하나! 만약 사람이 역을 사용 안 한다면 아무런 의미가 없는 것이다. 입지와 지역에 따라 역세권을 분류하는 것은 맘대로다. 법적으로 문제가 없다.

부동산 입지와 관련된 신조어가 급증하는 건 자연스러운 현상이라 애써 막을 필요가 없다. 학세권, 병세권, 숲세권, 몰세권과 물세권, 뷰세권 등 분류가 다양하다.

학세권은 초중고등학교가 밀집해 교육조건이 우수한 곳, 병세권은 대형병원 인근에 위치해 신속한 의료서비스를 받을 수 있는 곳, 숲세권은 공원이나 숲 등 쾌적한 자연환경을 갖춘 곳, 뷰세권은 좋은 자연환경과 탁 트인 풍경 및 야경을 즐길 수 있는 곳을 가리킨다. 그린벨트 인근의 역세권도 이에 해당될 수도 있다. 물론 사용량이 적으면 가치에 문제가 발생할 수 있다.

역세권을 이런 식으로 분류하기보다는 더 정확하게 직접역세권과 간접역세권을 지정해 분류해야 한다. 직접역세권 반경이 500m라고 규정해도 그 역할이 딱 정해진 건 아니다. 역세권에서의 변수현상은 만연하기 때문이다. 직접역세권의 강점은 강력한 투자 수익이다. 그러나 두 가지 약점에서 항시 자유로울 수가 없다. 거품과 강제수용이 바로 그것이다.

직접역세권, 초역세권이라는 명분으로 거품가격에 매입하게 된다. 어느 정도 시간 흘러 역세권이 지역 최고 아이콘, 랜드마크로 자리를 잡으면서 역 면적이 광대해진다. 역세권 2차 개발효과를 바라는 자가 급증하게 된다. 역세권 공익사업에 손을 대기 시작하면 역세권 투자자 중에는 거품과 강제수용이라는 변수에 희생양이 되기도 한다.

공공성이 너무 강한 나머지 개인적으로 어떤 방법으로도 해결이 힘들 지경에 이른다. 그렇기 때문에 직접역세권만 노릴 것이 아니라 직접역세권의 주변 가치에 집중하라고 조언하고 싶다. 즉, 간접역세권을 스스로 지정하라는 것이다. 간접역세권의 두 가지 강점은 강제수용과 무관하고 거품과도 무관하다는 점이다. 공공성과 개별성 중 후자의 경우로 인정받기 안성맞춤이라 안전하다.

우리가 땅 투자할 때도 땅 자체에 신경 쓰기보다는 주변 가치에 집중하듯 역세권도 직접역세권에 집중하는 대신 주변의 간접역세권에 집중하는 편이 유리하다. 실수확률을 줄일 수 있다. 마치 그린벨트 해제보다 완화에 집중해서 안전한 선택을 하듯이 말이다.

다만 직접역세권의 실력과 권력이 미약한 지경에서 간접역세권을 지정 및 발견하는 건 아무런 의미가 없으니 직접역세권의 역할에 우선 집중하라.

이처럼 역세권 투자가 생각보다 쉽지 않다. 우선 거품에서 벗어나지 않으면 안 된다.

거품에 갇혀 있으면 아무런 일을 수행할 수가 없다. 환금성도 떨어진다. 역세권의 환금성이 떨어졌다는 건 여러 매수예정자들이 거품이라는 것을 눈치챘다는 증거다.

공익을 위한 강제수용의 피해가 문제가 아니라, 더 큰 문제는 역세권 출구의 가치가 다 같지 않다는 점이다. 역세권의 정문과 후문의 가치는 하늘과 땅 차이다. 거품가격으로 매수한 건 같지만 가치는 다르다.

예를 들어 14개 출구가 있는 동대문역사문화공원역의 경우도 유동인구가 엄청나게 많아도 출구의 가치가 각기 다 다르다. 같은 공간과 영역에서도 역 사용량의 차이가 심하다.

역세권 투자를 위해 반드시 역의 이중성과 이중구도를 스스로 그리지 못하면 그냥 당할 수도 있다.

014

법정도로(포장도로)와
비법정도로(비포장도로)

법정도로는 완성도가 높은 도로지만 비법정도로는 완성도가 높지 않다. 현황도로나 '도시계획도로'와 마찬가지로 공부(공적서류)에는 명기되지 않는다.

반면 광로, 대로, 중로, 소로, 접도구역 등은 토지이용계획확인원에 명기되어 있어 민원인들이 손수 구체적으로 수치를 알아볼 수가 있다.

포장도로와 비포장도로의 구분법
법정도로 : 건축법, 도로법 등 관계 법령에서 지정된 도로
비법정도로 : 법정도로 이외의 도로(비포장도로를 비롯해 마을안길, 이면도로, 농로, 임도 등으로 구성)로서 개인소유지이지만 해당 지역주민들의 통행로로 이용되는 모든 도로

법정도로는 국토의 국도, 시도, 군도 등을 의미하며, 비법정도로는 국토의 국도와 연동할 수 있는 비포장도로를 의미한다. 도로 역사(나이)를 보면 비교할 수 없을 정도로 비법정도로가 법정도로를 압도한다. 이는 기록과 기억을 통해 인지할 수가 있다.

기록에 의해 포장도로는 보지되고 있고 비포장도로는 기억을 통해 지금까

지 보존되고 있다.

기억을 기록하자. 비유컨대 비포장도로를 구체적이고 체계적으로 기록한 것이 바로 포장도로인 것이다. 이유와 목적 없이 도로를 닦기는 힘들기 때문이다.

공부(公簿)를 통해 수시로 확인할 수 있는 도로상태가 접도구역이다. 이로써 접도구역은 규제강도가 높지만, 비포장도로를 규제로 보는 사람은 많지 않다. 완성도가 낮은 도로를 만났을 때는 도로 개설 여부부터 따지기 때문이다.

접도구역은 도로 구조의 파손 방지, 미관 훼손 또는 교통에 대한 위험 방지를 위해 필요하면 도로 경계선에서 5m(고속국도의 경우는 30m)를 초과하지 않는 범위에서 도로법에 따라 지정 및 고시된 구역을 말한다.

단, 다음의 상황은 예외로 규정한다.

1. 지구단위계획구역
2. 다음 상황에 해당되는 지역 중 도로관리청이 교통 등에 위험이 없다고 인정되는 지역
(1) 차로, 비탈면, 보도 등에 제공되지 않는 부지의 폭이 인접한 접도구역의 폭 이상인 지역
(2) 일반국도, 지방도, 군도의 폭 및 구조 등이 인접한 도시지역의 도로의 폭과 유사하게 정비된 지역으로서 그 도시지역으로부터 1km 이내에 있는 지역 중 주민의 집단적 생활근거지로 이용되는 지역
(3) 도시지역 도로의 폭 및 구조 등과 유사하게 정비된 지역으로서 해당 지역의 양측에 인접한 도시지역 상호 간의 거리가 10km 이내인 지역

접도구역에서는 토지의 형질변경 행위, 건축물, 공작물 등의 신축, 개축, 증축행위가 금지된다.

마치 단기규제정책 중 하나인 개발행위허가제한지역 내에서 지상물을 개인적으로 건축할 수가 없는 것처럼 규제를 가하는 것이다.

현황도로(비법정도로)는 관계 법령에 따라 신설 또는 변경에 관한 고시가 이루어지지 않은 도로다. 사실상 도로로 사용 중이지만 지적도상에는 고시가 이루어지지 않은 곳이다. 건축법에서 정한 도로의 정의는 보행과 자동차 통행이 가능한 너비 4m 이상의 도로로서 국토의 계획 및 이용에 관한 법률, 도로법, 사도법 등에 고시된 도로다.

반면 현황도로는 이러한 법령에 의해 신설 또는 변경에 대한 고시가 이루어지지 않은 도로를 의미한다.

도시계획도로는 국도, 지방도 등의 구별과는 별도로 도시계획구역 내의 주요 도로로 결정되어 도시계획사업으로서 건설되는 도로다. 도시계획시설(공작물) 내에서는 규모별로 도로 구분이 가능하다.

범례

광로 : 1류(폭 70m 이상), 2류(폭 50m~70m), 3류(폭 40m~50m)

대로 : 1류(폭 35m~40m), 2류(폭 30m~35m), 3류(폭 25m~30m)

중로 : 1류(폭 20m~25m), 2류(폭 15m~20m), 3류(폭 12m~15m)

소로 : 1류(폭 10m~12m), 2류(폭 8m~10m), 3류(폭 8m 미만)

규모별이 아닌, 기능별로도 도로를 구분할 수 있다. 예를 들어 주간선도로, 보조간선도로, 집산도로, 국지도로, 특수도로 등으로 나눌 수 있다.

도로는 역세권과 마찬가지로 꾸준히 연장되는 입장이다. 역세권을 통해서도 시도 등이 신설되고 있기 때문이다. 도로 연장과 역세권 연장은 연동 중이다. 서해선복선전철이 완공되는 시점부터 새롭게 단장될 도로에 관심을 두는 이유다.

도로 확장과정을 통해 새롭게 단장될 나들목 등은 지가상승의 효과로 이어질 것이다. 역세권의 환승역과 환승센터의 증가 역시 지역가치의 상승효과로 이어질 것으로 기대된다.

주거인구가 유동인구를 분만하듯 기존 도로는 신설도로를 분만한다. 도로의 연속성과 지속성에 환호하는 인구가 증가하고 있다. 실수요자가 아닌 가수요자 세력이 증대하는 이유다.

015

환지와 대토는
개발과정 중에 일어날 수 있는 변수

개발, 재개발, 재건축의 차이점은 그 사안의 완성도를 통해 표면화된다. 개발은 입지가 괜찮은 맹지가 사용되고 재개발과 재건축과정에는 대지가 사용된다. 여기서 발생하는 산물은 재개발, 재건축의 경우 대지지분이며 개발과정에서는 '맹지지분'이 발생할 수 있다.

대지지분을 통해 새로운 지상물을 부여받을 수 있지만 맹지지분의 경우에는 여러 변수가 발생할 수가 있어 주의가 요망된다. 입지가 괜찮은 맹지가치가 급상승하는 예도 있다. 좋은 변수다.

환지(換地) : 사업시행 이전의 토지 소유권을 변화시키지 않고 종전 토지의 위치, 지적, 이용 상황 등을 따져 사업시행 이후 새롭게 조성된 대지에 기존의 권리를 그대로 적용하는 개발방식이며, 환지개발방식은 지난 2000년 7월 폐지된 구토지 구획정리사업에 의한 토지 구획정리사업에서 활용되었다.

현재는 '도시개발법'에 의한 도시개발사업과 '도시 및 주거환경정비법'에 의한 주거환경개선사업 및 재개발사업의 추진방식으로 적용되고 있다.

환지는 토지 소유자가 개발과정에서 비용을 지불하는 대신 일정 규모의 토지를 받는 것으로, 개발예정지 안에 땅을 가진 지주가 일부를 사업자에게 주고 나머지는 본인 의지와 의사에 따라 개발하게 된다.

문제는 개발입지다. 구체적인 위치 지정이 없이 진행되다 보니 투자자는 변수에 크게 노출되어 있다.

대토(代土) : 토지를 수용당한 사람이 인근 허가구역 안에서 같은 종류의 토지를 구입할 수 있도록 하는 것(기존에 가지고 있던 땅을 팔고 다른 땅을 대신 장만하는 것)으로, 세제 혜택을 통해 부동산 거래 활성화를 기대할 수 있다.

대지지분은 재건축 사업성을 따질 때 확인하는 지표다. 대지지분이 클수록 일반분양을 늘려 사업성을 높일 수 있고, 추가 분담금 없이 더 넓은 평수를 받을 수도 있다.

그러나 평균대지 지분이 높아도 가구 수가 적으면 대단지 아파트단지로의 재건축 허가가 힘들다. 소유자 개별 대지 지분에 따라 사업성이 달라지는 변수가 발생할 수 있다. 대지 지분은 공동주택의 경우 전체 대지면적을 전체 가구수(소유자)로 나눈다. 대지면적은 해당 건물을 지을 수 있는 허가된 땅 크기다. 대지 지분과 용적률은 서로 비례 관계다.

용적률이 낮으면 평균 대지지분이 높아 사업성이 강화된다. 평균 대지지분은 공동주택 가구당 지분이고 개별(세대별) 대지지분은 개별 가구가 가진 지분이다.

평균 대지지분은 정비사업의 사업성을 가늠하는 지표로 쓰이며, 개별 대지지분은 정비사업 시 개별소유자의 수익성을 가늠하는 데 쓰인다.

대지지분
공동주택 전체 대지면적을 전체 가구 수로 나눈 것

대지면적 × 대지권 비율(대지에 대한 권리의 비율로 전체 대지면적에 대한 가구당 대지면적 비율)
㈜ 전체 대지면적 1,000㎡, 대지권 비율 0.5일 때 1000 × 0.05 = 50㎡

평균 대지지분 = 공동주택 가구당 평균지분
개별 대지지분 = 공동주택 개별가구당 지분

016

수도권정비계획법의
존재가치는 너무도 크고 강하다

'수도권정비계획법'은 우선 수도권에만 존재한다. 그 이유는 갈수록 높아지고 있는 수도권의 희소성과 직결된다. 지방(비수도권의 5개 광역시는 미포함)에는 해당되지 않는 법령이다. 지방인구가 유출되는 이유 중 하나가 바로 수도권으로의 이동현상의 심화와도 역시 직결되는 상황이다.

수도권정비계획법의 필요성이 대두된 데는 3가지 현상이 연동한다. 높아지는 과밀화 및 성장 동력, 그리고 자연의 가치의 다채로움은 지방에는 절대로 없는 희소가치다. 이는 중첩개발과 중첩규제가 가능한 이유이기도 하다. 비수도권 대비 규제해제공간이 늘어나는 추세인데, 규제해제공간이 늘어나는 건 개발공간 및 개발예정지역이 증가해서다.

인구의 다양성과 다변화에 따른 개발의 타당성이 높아 지방 대비 수도권 투자가 상대적으로 성공확률이 높다.

체계적이고 조직적인 개발 및 규제범위와 규제정도 등을 통해 투자 가치를 견지할 수 있을 법하다.

면적이 차지하는 비율

과밀억제권역 : 17.2%

성장관리권역 : 50.4%

자연보전권역 : 32.4%

인구가 차지하는 비율

과밀억제권역 : 78.3%

성장관리권역 : 17.7%

자연보전권역 : 4.0%

수도권정비계획법 해당 지자체

(남양주시, 용인특례시와 안성시, 인천광역시와 시흥시 등 5개 지자체는 '멀티권역')

과밀억제권역 : 서울특별시, 인천광역시 일부 지역, 의정부시, 구리시, 남양주시 일부 지역, 하남시, 고양특례시, 수원특례시, 성남시, 안양시, 부천시, 광명시, 과천시, 의왕시, 군포시, 시흥시 일부 지역(16개 시)

성장관리권역 : 동두천시, 안산시, 오산시, 평택시, 파주시, 남양주시 일부 지역, 용인특례시 일부 지역, 연천군, 포천시, 양주시, 김포시, 화성시, 안성시 일부 지역, 인천광역시 일부 지역, 시흥시 일부 지역(14개 시, 1개 군)

자연보전권역 : 이천시, 남양주시 일부 지역, 용인특례시 일부 지역, 가평군, 양평군, 여주시, 광주시, 안성시 일부 지역(6개 시, 2개 군)

남양주시는 과밀억제권역이자 자연보전권역, 성장관리권역으로, 과시 택지 1번지, 물의 도시답다. 용인특례시와 안성시는 자연보전권역이자 성장관리권역에 포함되었다. 인천광역시와 시흥시는 과밀억제권역이자 성장관리권역으로 지역입지가 결정된 곳이다.

갈수록 수도권정비계획법의 필요성이 대두되는 이유는 수도권과 비수도권의 확연한 차이가 너무 자주 쉽게 목도되기 때문이다. 갈수록 그 격차가 벌어져 3개 권역의 필요성은 점차 더 강화될 게 분명하다. 전체 인구가 감소 및 정체현상이 벌어지는 가운데 여전히 수도권으로 유입되는 인구는 다각도로 증대되고 있기 때문이다.

수도권정비계획법이 존재하기에 국토균형발전 및 집값 안정 이런 개발공약의 필요성이 상실되고 있는 것이다. 국토의 불균형은 집값 불안과 불공정의 원흉이다.

차제에 수도권의 그린벨트의 그림과 지방 그린벨트의 그림의 차이도 점차 그 간극이 크게 벌어질 것으로 보인다. 수도권 역세권 주변으로 널리 분포된 그린벨트의 훼손도가 심해질 것으로 예상되기 때문이다. 즉, 완화의 가능성이 높다는 의미다.

궁극적으로 수도권정비계획의 효과는 규제수위가 낮아질 수 있다는 희망이다. 중첩규제가 있다고 해도 지역의 핵심인구인 주거인구가 증가한다면, 규제해제과정을 통해서라도 또는 용도변경과정을 거쳐 대형 주거단지 유입을 용납해야 할 것이다.

017

땅 투자자 입장에서 실수요 및
투자 가치가 중차대한 사안인 이유

아파트 투자가 토지 투자 대비 수월한 것은 시장이 투명하기 때문이다. 현장 답사할 때 편안한 마음으로 일 처리를 일사천리로 진행할 수 있다. 주택은 완성물이기 때문이다.

반면 아파트와 달리 땅 투자자가 현장을 보는 건 힘겹다. 땅 투자 시 실수요 가치와 투자 가치를 정확히 적나라하게 구별할 수 있어야 한다. 주택과 달리 땅은 반드시 개발이 필요하기 때문이다. 크든 작든 개발이 필요하다.

전자의 경우가 주변 가치나 개발청사진에 의해 개인이 투자하는 것이고, 후자의 경우는 개별적인 개발에 해당된다. 가령 주택을 짓는 일이라면, 주택은 변화 대신 지속성을 우대하는 입장이고 토지는 반드시 변화가 있어야 한다. 미완성물의 설움이다.

투자자와 실수요자의 행동 차이는 분명하다. 토지 투자자는 미래가치에 집중해야 할 것이고, 토지 실수요자는 현재가치에 집중해야 한다. 전자는 잠재성에 집중하는 경우고 후자는 실용성에 매진하는 것이다. 추구하는 이상과 목표가 판이하다. 따라서 매수과정에서 만나야 할 사람 역시 달라야 한다.

투자자는 명석한 컨설턴트와 상담을 하고 실수요자는 해당 지자체 공무원과 대화를 나누어야 한다. 잘못된 만남은 실패의 연유가 된다.

만약 기획 부동산 회사를 방문해서 땅을 투자할 때, 그 땅의 기능과 미래가치를 알아본다는 목적으로 해당 지자체를 방문해서 공무원을 만나 무리한 질문을 던진다면 망신살 뻗칠 것이 분명하다.

"과장님, 이 지역에 투자하면 땅값 상승이 될까요? 기획 부동산 회사에서는 5배는 오를 거라고 하던데."

우문이다. 한심하다. 공무원이 대답할 리 만무하겠지만 말이다.

땅 투자하기에 앞서 여유자금을 통해 실수요로 갈 것인지 아니면 투자자로 움직일 것인지 정확하게 정해놓고 움직여야 할 것이다.

토지 실수요자 : 고액으로 여유자금으로 움직이라(내가 직접 개발을 해야 하니까)
토지 투자자 : 소액으로 움직일 수 있다(주변 가치의 변화를 통해 충분히 움직일 수 있으니까)

이런 진리를 무시하면 큰일이 일어날 수 있다. 절대다수의 투자자가 피해를 보고 말 것이다. 실수요 목적으로 움직이는 사람들 대다수는 고수이기 때문이다.

주택 및 상가 세계에서 개미들이 피해를 보듯 토지 시장에서도 대다수 소액 투자자가 피해를 보고 있다. 피해 방지를 위해서는 실수와 허수를 제대로 구별할 수 있어야 한다. 그러면 절대로 당하지 않는다. 제대로 알면 외려 업자와 전문가에게 큰소리(고성+고언)칠 수가 있다.

018

공시가격과
공시지가의 차이점

토지 가격은 정찰제와는 거리가 멀다. 그러나 주택은 정찰제에 근접할 수 있다. 예를 들어 아파트분양가는 지자체에서 관여할 수 있다. 토지 가격 대비 주택가격은 투명하다. 중개업소에서 부동산 가격을 외부에 노출하는 건 일상사다. 그러나 컨설팅업체에서 부동산 가격을 외부에 노출하는 예는 없다.

부동산은 공산품처럼 가격 기준이 정확하지 않다. 그렇기 때문에 정부와 지자체에서 가격기준선과 그 표본을 작위적으로 만들어놓았다. 공시가격 및 지가가 그에 해당한다.

공시가격의 분류방법 : 공동주택공시가격, 개별단독주택공시가격, 표준단독주택공시가격

공시지가의 분류방법 : 개별공시지가, 표준지공시지가

공시가격은 정부가 조사, 산정해 공시하는 가격으로, 토지 지가산정 등 부동산 가격의 지표가 되는 가격이다. 땅에 대한 공시가격을 '공시지가'라 하며 주택의 경우 실거래가격의 약 80% 수준으로 책정한다.

부동산 가격은 시세와 공시가격으로 구분되는데 시세는 부동산이 실제 시장에서 거래되는 가격을 말한다.

공시가격은 정부가 창궐해 조성한 가격이라 신뢰도가 높은 편이다. 부동산 가격의 지표가 되는 공시가격은 종합부동산세, 재산세 등 각종 세제 부과 기준은 물론, 건강보험료 등 사회복지 분야에도 사용되기에 사회 전반에 걸쳐 영향을 미친다.

공시지가는 부동산 가격공시에 관한 법률에 따라 국토교통부 장관이 조사 평가해 공시한 표준지의 단위 면적당 가격이다.

공시지가 대신 부동산 거래할 때 실제로 거래한 금액을 실거래가라고 한다. 취득세는 실거래가 기준으로 산정한다.

표준지공시지가 : 국토교통부 장관이 토지 이용 상황이나 주변 환경, 그 밖의 자연적, 사회적 조건이 일반적으로 유사하다고 인정되는 일단의 토지 중에서 선정한 표준지에 대해 공시한 적정가격(부동산 가격공시에 관한 법률 제3조 제1항)

개별공시지가 : 시장, 군수, 구청장이 공시한 관할 구역 안의 개별토지의 가격(부동산 가격공시에 관한 법률 제10조 전문)

공동주택가격 : 국토교통부 장관이 산정 고시한 공동주택의 적정가격(부동산 가격공시에 관한 법률 제18조 제1항 본문)

부동산 관련 세금

취득세 : 재산세에 대한 취득 행위 및 등기를 담세력으로 판단해 부과하는 세금(지방세)이다. 2011년 지방세법 개정으로 기존의 취득세와 등록세가 합쳐졌다.

종합부동산세 : 일정 금액 이상의 부동산을 소유한 사람들에게 부과되는 조세이며, 재건축초과이익환수제와 더불어 모두 토지 공개념과 맞닿아 있다. 줄여서 '종부세'라고도 한다(보유세의 일종).

양도소득세(양도세) : 소득세의 일종이며 자산양도로 인해 벌어들인 자본이익에 대해 부과하는 세금이다. 가령 1년 전 10억 원에 샀던 부동산을 1년 만에 12억 원에 팔아 2억 원의 양도차익을 거두었다면 여기에 부과하는 세금이 양도세다.

재산세(보유세) : 가지고 있는 재산을 담세력(조세를 부담할 경제력)으로 판단해 부과되는 지방세다.

국세기본법 : 소득세, 법인세, 상속세, 증여세, 종합부동산세, 농어촌특별법 등이 있다. 국가가 경비로 쓰기 위해 국민에게 거두어들이는 세금이다.

지방세 : 지방자치단체가 과세권을 갖는 세금이다. 국가가 과세권을 갖는 국세와 대비된다. 지방세는 지방자치단체의 세금이지만 조례만으로 이를 부과할 수 없고 반드시 법률의 근거가 필요하다.

표준공시지가 : 국토교통부 장관이 산정

개별공시지가 : 지자체장이 산정

019

투기지역, 투기과열지구 등
단기규제정책 고유의 특징

상수원보호구역, 문화재보호구역, 군사시설보호구역 등 장기규제정책과 달리 단기규제정책의 효과는 그다지 크지 않다. '투기'를 잡겠다는 추상적인 접근으로는 그 효과를 기대하기 힘들다.

투기지역 : 주택가격 및 토지 가격이 급등하는 지역의 양도소득세를 기준시가 대신 실거래가격으로 부과하기 위해 기획재정부장관이 지정하는 지역이다. 단, 2007년 1월 1일부터 양도소득세 부과 기준은 실거래가격을 원칙으로 한다. 2023년 1월 5일 기준, 모든 투기지역이 투기과열지구이고 조정대상지역이다. 서울 나머지 21개 구와 경기도 전역, 행정중심복합도시는 순수 비규제지역이다.

도시와 농어촌주택 보유 후 도시주택 양도 시 1세대 1주택으로 간주하되, 투기지역 내 농어촌주택은 농어촌주택 취득 특례에서 배제된다.

토지 투기지역 : 토지 투기지역으로 지정되면 해당 토지는 물론, 주택을 제외한 지상의 각종 시설물도 양도 시 실거래가 위주로 양도소득세가 부과된다.

주택 투기지역 : 주택 투기지역으로 지정되면 양도소득세가 공시지가 기준이 아닌 실거래가 기준으로 부과되어 부담이 커진다.

투기과열지구 : 주택가격의 안정화를 위해 필요한 경우 국토교통부 장관, 시·도 지사가 지정하는 지구로, 투기지역과 그 성격이 흡사하지만, 이 규제의 강도는 좀 약하다.

주택법 제63조(투기과열지구의 지정 및 해제)

① 국토교통부 장관 또는 시·도지사는 주택가격 안정을 위해 필요한 경우에는 주거정책심의위원회의 심의를 거쳐 일정한 지역을 투기과열지구로 지정하거나 이를 해제할 수 있다. 이 경우 투기과열지구의 지정은 그 지정 목적을 달성할 수 있는 최소한의 범위로 한다.

② 제1항에 따른 투기과열지구는 해당 지역의 주택가격상승률이 물가상승률보다 현저히 높은 지역으로서 그 지역의 주택청약경쟁률, 주택가격, 주택보급률 및 주택공급계획 등과 지역 주택시장 여건 등을 고려했을 때 주택에 대한 투기가 성행하고 있거나 성행할 우려가 있는 지역 중 국토교통부령으로 정하는 기준을 충족하는 곳이어야 한다.

가장 유명했던 투기과열지구가 있었다. 지난 2006년 참여정부 시절 이른바 '버블세븐지역'(강남구, 서초구, 송파구, 양촌구 목동, 성남시 분당신도시, 안양시 평촌신도시, 용인시 수지구)을 지정한 것이다.

그러나 집값 거품을 잡는 데는 실패했고 오히려 큰 폭으로 폭등했다. 이처럼 투기를 잡겠다는 투지와 가격거품을 잡겠다고 규제를 규정한 단기규제정책은 외려 또 다른 투기판을 만들어 역효과가 일어난다. 풍선효과에 의해 역풍이 분다. 가격구조와 형태는, 그냥 순리에 맡기는 것이 정답인 것이다.

조정대상지역 : 주택가격 상승률이 물가상승률 2배 크기로 뛰거나 주택청약경쟁률이 5대1 이상인 경우에 지정한다.

조정대상지역으로 지정되면 해당 지역은 주택담보대출 시 담보인정비율(LTV)이 50%, 총부채상환비율(DTI)이 50%로 제한받는다. 다주택 양도소득세 중과와 함께 장기보유특별공제 배제, 분양권전매 시 50% 단일세율 적용, 1순위 청약 자격강화 등의 규제를 받게 된다.

투기과열지구나 투기지역으로 지정된 경우 조정대상지역과 동일한 수위의 규제내용이 있다면 국민들에게 더 불리한 것으로 자동 적용된다(LTV 40% 등).

2023년 1월5일 이후 강남3구 및 용산구를 제외한 기존의 전 지역이 조정대상지역에서 해제되었다.

020

갭 투자와 깡통주택

강남 일대에 지정된 토지 거래허가구역의 가치가 높은 것은 갭 투자 피해사례를 사전에 막기 위한 것이기 때문이다.

토지와 달리 주택에 적용되는 토지 거래허가구역 지정은 실질적이라 반드시 필요한 제도다. 집값 하락 시 대다수의 피해자가 나올 것이 빤하기 때문이다.

갭 투자 : 시세차익 목적으로 주택매매가와 전세가의 차액(갭)이 적은 집을 고른 후, 주택 매입 전후로 전세 세입자를 구하는 것을 말한다.

전세가율이 높을수록 투자에 들어가는 자본이 적어진다. 예를 들어 주택 구매자가 4억 원으로 아파트 구매 시 그 아파트 평균 전세가가 80%(3억 2,000만 원)라면 주택 구매자는 그 아파트에 들어가 살 전세가를 구해 그 돈으로 대금을 치르고, 나머지 8,000만 원은 자기 돈으로 내면 되는 방식이다. 실제 투자 금액에 비해 적은 돈만 있으면 되는 것이다.

깡통주택 : 전세보증금이 주택의 실제 가치를 초과하는 것을 말한다. 만약 주택이 경매로 넘어가면 세입자는 전세보증금을 떼이게 된다. 껍데기만 있고 내용이 없어 속 빈 깡통과 같다 해서 깡통주택이라 이름이 붙여진 것이다.

2010년대 말부터 집값 하락으로 인한 갭 투자 실패로 집주인이 파산하게 되어 집이 깡통주택으로 전락하는 피해사례가 늘었다. 고의로 세입자의 전세금을 떼먹으려는 목적의 전세 사기에 연루된 깡통주택도 늘어나는 추세다.

이외에 투자자들이 반드시 알아야 할 알박기도 주의해야 한다. 재개발 현장에서 자주 일어난다.

알박기 : 정부 도시계획과 개발을 악용하는 사례다. 도시계획 등을 미리 알고 땅을 사두었다가 건설업체가 팔라고 하면 터무니없이 비싼 가격을 요구하는 것이다. 알박기를 재테크 수단으로 악용하는 일부 졸부들도 목도할 수 있다.

(사례) 용산4구역 철거현장 화재사건

대부분의 입주민들이 이미 이주를 마치고 떠난 상태였으나, 남아 있는 소수의 철거민이 상가를 무단으로 수리해서 알박기 시도를 하다가 폭력 사태로까지 확산한 사건으로, 재개발의 부작용 중 하나다.

강제수용(토지 보상법)에 대한 대대적인 개혁이 없다면 이런 종류의 알박기가 계속 발생할 수밖에 없다.

역전세와 깡통전세

역전세는 전세 계약 갱신 시점에 전세보증금이 2년 전보다 낮게 거래되는 것이다.

예를 들어보겠다. 임차인 A가 2년 전, 2억 원을 전세보증금으로 지불했는데 계약 만료 시점에 1억 5,000만 원으로 하락해 새 임차인 B는 이 가격에 전세 계약을 맺었다. 이때 집주인 C는 B에게 받은 전세보증금 1억 5,000만 원에 5,000만 원을 더 해 임차인 A에게 2억 원을 돌려줘야 한다.

깡통전세는 전세 계약 시점의 전세보증금보다 집값이 낮아져 집주인이 집을 팔아도 전세보증금을 돌려줄 수 없는 상태다. 집주인이 주택담보대출을 받은 상태라면, 집값이 대출금과 전세보증금을 합한 금액보다 낮은 수준에 거래될 때 깡통전세가 된다.

Part 02

토지는
희소가치가 생명이다

021

도시기본계획과 도시관리계획은
연합, 연동해야 한다

도시기본계획과 도시관리계획이 공존하는 것은 도시의 크고 작은 도로가 공존하는 것과 같다. 같은 이치다. 마치 법정도로의 재료(미래가치)가 비법정도로인 것처럼 말이다. 서로가 연계된다.

도시기본계획을 큰 그림이라고 한다면 도시관리계획은 그 그림을 바탕으로 탄생한 사진이라 여겨진다. 세세하게 그려진 그림(청사진)인 셈이다. 도시기본계획을 망원경으로 본다면 도시관리계획을 볼 때는 현미경이 필요한 것이다. 도시기본계획을 미래가치의 표상이라고 여길 때, 도시관리계획은 현재가치의 표현이라고 볼 수 있다. 좀 더 구체적이기 때문이다.

도시기본계획은 보기 좋게 꾸며놓은 바탕화면인 것이다(≒개발 이전의 접근성 높은 맹지상태). 바탕화면에 바로 '기획도면'이라는 상세한 그림을 그리는 것이리라.

도시기본계획은 도시(대도시, 중소도시 포함)의 중요시설에 대해 이루어지는 종합적이고 기본적인 도시계획이다.

1. 국토의 계획 및 이용에 관한 법률에 따른 법정 계획
2. 인구, 산업, 사회, 재정 등 사회경제적 측면과 환경적 측면까지 포괄하는 계획
3. 상위계획인 국토종합계획 및 광역도시계획의 내용을 수용해 도시가 지향하는 바람직한 미래상을 제시하는 계획

도시기본계획은 국토의 계획 및 이용에 관한 법률 제22조의 4항의 내용을 통해 전 국민이 도시기본계획을 볼 수 있도록 공개해야 하는 것이 원칙이다.

그러나 이 계획을 악용 및 남용할 수 있어 일부 지자체에서는 공개를 안 하는 경우도 있다.

도시관리계획 : 도시의 개발, 정비, 보전을 위해 수립하는 토지 이용, 교통, 환경, 경관, 안전, 산업, 정보통신, 보건, 복지 등에 관한 일련의 계획(용도지역·지구·구역, 기반시설계획, 도시개발사업계획, 정비계획, 지구단위계획, 입지규제최소구역계획)

도시관리계획과 관련된 계획은 비교적 구체적이고 다양하다. 세분화가 가능해 개별적으로는 분석과정을 밟을 수 있는 기회다.

1. 용도지역, 용도지구의 지정 또는 변경에 관한 계획
2. 개발제한구역, 도시자연공원구역, 시가화조정구역, 수산자원보호구역의 지정 또는 변경에 관한 계획
3. 기반시설의 설치, 정비 또는 개량에 관한 계획
4. 도시개발사업 또는 정비사업에 관한 계획
5. 지구단위계획구역의 지정 또는 변경에 관한 계획과 지구단위계획
6. 입지규제최소구역의 지정 또는 변경에 관한 계획과 입지규제최소구역계획

주의할 점은 도시기본계획과 도시관리계획은 해당 지자체의 시장이나 군수의 개발공약과 반드시 일치하지 않는다는 것이다. 마치 토지이용계획확인원처럼 누구도 법적 책임을 지지 않는다. 개발공약을 지키지 않은 위정자를 법적 처벌하는 경우는 절대로 없다. 각종 도시계획 및 개발도로가 남발, 남용되는 이유이리라.

따라서 계획과 공적서류는 투자의 참고자료에 불과하지 투자의 보증수표는 아니다. 도시기본계획을 잘 활용하는 방법도 투자의 노하우다. 토지이용계획확인원과 지적도를 적재적소에 잘 활용하는 것 역시 최고의 노하우다.

부동산 노하우는 발견(모색)의 대상이자 발명(분석)의 대상이다. 내 처지에 맞는 투자 방법이 반드시 존재하기 때문이다.

022

맹지가 정말 위험한 땅인가?

우리나라 국토의 특징은 맹지의 분포도가 상당하다는 것이다.

맹지의 가치를 판가름할 기준은 무엇인가? 입지다.

입지를 구체적으로 알아볼 수 있는 무기는 무엇인가? 인구다.

'인구의 다변화'란 '입지가 좋다'는 뜻이기 때문이다.

인구의 질적 가치가 높으면 주거인구와 노동인구가 동시다발적으로 증가할 수 있다. 예를 들어 대기업의 가치는 높은데, 내가 사는 동네에 중소기업이 아닌 대기업이 입성하거나 입성할 예정이라면, 여러 맹지 중 가치가 높아질 맹지가 발견될 수 있다.

대기업은 맹지를 개발할 수 있는 능력을 지닌 경제 동물이기 때문이다. 경제 이론을 따르기에 투자자들도 이들을 따르는 것이 유리하다.

경제 고수(대기업)가 맹지에 돈을 던지는 이유

1. 도로 개설이 가능한 입지 여건이면 맹지도 대환영이다.

   수도권이건 지방이건 상관없이 입지가 관건이다. 입지는 역시 여러 인구를 통해 감지할 수 있다. 도로 개설이 가능하다는 건 실수요가치인 현재의 존재 가치에 집중한다는 의미다.

2. 수도권의 개발 타당성이 높은 지역의 맹지 투자는 지분으로도 가능하다. 이는 미래의 잠재가치에 집중하는 것이다.

대지지분 투자와 맹지지분 투자의 차이

1. 완성도의 차이 : 인지할 점은 맹지의 미래가 무조건 대지는 아니나, 대지의 과거는 무조건 맹지였다는 사실이다. 맹지 입지에 집중하는 이유다.
2. 대지와 맹지의 차이 : 땅은 분할과정이 필요해서 반드시 맹지가 생기기 마련이다. 자연스러운 현상이다. 분할 규모에 따라 변수가 발생하기 때문이다. 입지의 차이가 심하다. 맹지지분이 지적도상 도로가 있는 대지지분과 차이가 심한 이유다. 맹지는 현황도로에 지배받기 마련이다. 주변 가치에 의존할 수밖에 없기 때문이다.

토지 투자자가 반드시 맹지를 공부해야 하는 이유는 도로 개설이 가능한 맹지가 급증하는 추세이기 때문이다. 다만 인구가 꾸준히 증가하고 있는 수도권 일부 지역에 집중되어 있다. 훼손 상태가 심한 지경의 맹지는 투자 가치가 높다. 사람들의 손과 발을 이미 거친 상태이기 때문이다. 단, 단순한 자연재해 등을 통해 입은 훼손은 아무런 의미가 없으니 주의하자.

023

공유, 합유, 총유의 차이점을
알아봐야 하는 이유

　지분 투자 시 주의사항은 추후 되팔 때 실수요자 대신 '투자자를 물색하라' 하는 것이다. '지분 실수요'라는 말은 존재하지 않기 때문이다.

　애초 '투자 목적'으로 움직였다면 반드시 '투자 목적으로 움직일 사람'을 찾는 것이 순리다.

　왜 그럴까? 실수요가치는 반드시 투자 가치를 분만하지만, 투자 가치가 실수요가치와 반드시 연동할 수 없다. 지분 토지의 환금성이 몹시 떨어지는 건 투자자가 되팔 때 실수요가치를 논해서다. 지분 투자자는 지분 투자를 굳이 선택한 이유를 열거할 줄 알아야 한다.

　열거하지 못하면 지분 투자를 포기하라!

　요컨대 좋은 땅을 소액으로 움직일 기회가 지분 투자다. 여윳돈이 있으면 굳이 지분 투자를 할 이유가 없다. 단독필지가 유리하다. 그러나 공유지분은 민법이 보장한다.

　좋은 땅의 평당 가격은 반드시 비싸다. 지분 투자를 통해 총투자액을 감축(최소화)할 수밖에 없다. 공유지분의 활용 가치를 정밀하게 공부해야 하는 이유다.

　공유 : 두 사람 이상이 한 물건을 공동으로 소유한 소유 형태로, 기획 부동산 회

사에서 습관적으로 사용 중이다. 이것이 불법은 아니다. 지극히 합법적이니 사용 방법을 적극적으로 알아보자.

총유 : 하나의 물건을 권리능력 없는 사단이 소유하는 공동소유의 한 형태다. 같은 공동소유형태인 공유(共有), 합유(合有)와 대비되는데, 단체적 성격이 가장 강한 공동소유형태다. 종중 땅이 이에 해당될 수 있다.

다수인이 하나의 단체로서 결합되어 있고 목적물의 관리·처분은 단체 자체의 권한으로 하지만, 단체의 구성원들은 일정한 범위 내에서 각기 사용·수익의 권한만을 가지는 공동소유형태다.

합유 : 수인이 조합체로서 물건을 소유하는 소유형태(민법 제271조 제1항)로, 개별성이 강한 공유와 집단적 성격이 강한 총유의 중간형태다. 합유자 간의 집단적 구속력이 강하다는 점에서 총유와 비슷하고, 합유자의 지분은 공동목적을 위해 구속되어 있어 지분을 공유처럼 자유롭게 처분할 수 없다.

분할의 청구도 할 수 없다는 점에서 공유지분과는 다른 성격을 가진다(민법 제273조).

주의할 점은 지분 투자와 기획 부동산 회사 관계를 반드시 인지할 수 있어야 한다. 기획 부동산 회사는 큰 부자보다는 소액 개미 투자자들을 위해 돈 벌자리를 마련한다. 오해하지 말고 이해하기를 바란다. 지분의 존재가치를 무조건 타파하지 말고 잘 알아보는 것도 토지 투자자가 할 임무다.

024

기획 부동산 회사와
중개업소의 차이점

미완성물인 맹지를 취급하는 곳이 기획 부동산 회사이고, 완성물인 지상물 위주로 중개하는 곳은 중개업소다. 전자가 미래의 잠재성을 판매하는 곳이라면 후자는 현재의 실용성을 중개하는 곳이다.

즉, '기획'과 '중개'의 차이는 크기 때문에 토지 투자자들은 접근방식을 달리해야 한다. 마치 투자자가 컨설턴트와 상담하고 실수요자가 공무원을 만나야 하는 것처럼 정확한 진단(판단)이 필요하다.

기획 부동산 회사의 3가지 특징

1. 중개사처럼 공식적인 자격증이 필요 없어 지금도 증가하고 있다. 매일 오픈 하고 닫기를 반복한다. 중개업소와 달리 정확한 숫자를 알 도리가 없다.

2. 이슈거리와 먹을거리 많은 곳에 집중한다. 돈 되는 공간을 선점한다. 언론을 잘 활용해 여론 조성을 잘한다. 거품 가격을 만든다.

3. 대기업이 기획 부동산 회사의 롤모델이다. 대기업을 따라다니며 대기업 판매에 열을 올리는 곳이 기획 부동산 회사다. 대기업을 브리핑할 때 잘 활용한다.

토지 투자자가 궁금한 점은 중개업소 대신 지자체에 방문해서 알아보라.

예를 들어 세금 문제와 관련된 궁금증은 세무사 대신 지자체 세무과에 접근해서 알아보라. 무료인데다 세제 정보를 정확하게 알 수 있다. 토지 이용에 관한 민원문제 역시 공인중개사 대신 지자체 도시개발과 등 관련 부서에 가서 공무원과 오랫동안 대화를 나누어라.

부동산 관련된 법적인 문제 등을 변호사를 통해 알아보면 경비가 들지만, 지자체를 활용하게 되면 무료다. 무료지만 정확한 정보로 접근할 수 있다. 공공성과 투명성이 강하다.

전문가에게 민원문제 해결을 바라지 말고 해당 지자체를 방문해서 담당 공무원을 통해 깨알 정보를 알아내라. 동네 중개업소에 들러 세금 문제와 토지 활용범위를 상담하는 건 무리다!

항상 한계점에 부딪혀 정보와 소식이 와전될 확률이 높다.

반드시 지자체에 들러 '세무공무원과 도시계획 공무원'을 활용하라.

자주법(조례)은 해당 지자체가 가지고 있는 정보가 제일 정확하다. 이러한 사안을 부동산 전문가에게 묻는 것은 어리석은 행동이다.

투자처나 투자 가치가 궁금할 때는 전문가를 찾아가라.

025

토지 임장활동
제대로 하는 방법

주택 답사방법과 토지 답사 방법은 판이하다. 주택 대비 토지 답사는 쉽지 않다.

땅은 법적으로 용적률 사용을 허용하지 않는 상태이기 때문이다. 부득불 주변 가치에 의지할 수밖에 없다. 땅의 주변 가치란 '주변의 지상물들의 용적률 상황'을 의미한다. 내 땅의 용적률은 시각적으로 확인할 수 없어 남의 지상물을 통해 용적률을 알아봐야 하는 것이다.

더불어 공실률도 알아봐야 한다. 용적률과 공실률을 함께 알아보는 게 낫다. 그게 현명하다. 비어 있는 공간이 주변에 있다면 내 땅이 불편하다. 현장감이 현저히 떨어진 지경이기 때문이다.

용적률은 외형에 집착하는 것이고 공정률 상황은 내실에 충실한 것이다.

내 땅의 용적률 〈 주변 가치

주변 가치 = 지상물(용적률) + 인물(인구)

토지 답사(투자자 입장) – 잠재성(미래가치)을 확인하는 과정

주택 답사 : 실용성과 편익성(현재가치)을 확인하는 절차

토지 답사(실수요자 입장)는 주택 답사과정과 매우 흡사

(토지 실수요자는 지금 당장 활용을 해야 하므로 현재의 가치에 집중한다)

착각은 금지다
예를 들어 답사 시 현장모습과 공부(公簿) 상황이 반드시 일치해야 한다는 생각은 착각이다.
땅은 미완성물이라 절대로 일치할 수 없다. 일치하면 땅이 아니다.
땅 답사는 '땅 자체와 전체'를 보는 게 아니라 '땅 주변을 둘러보는 것'이다.
시각적으로 확인할 수 없는 용적률을 확인하는 사람은 전적으로 하수다.

026

직주근접과 직주분리,
도농복합과 도농분리

도시형태는 두 가지로 대별할 수 있다. 실수요가치(삶의 질)를 통해 투자 가치를 절감하게 된다. 높은 실수요가치는 새롭게 단장된 투자 가치를 분만하기 때문이다.

즉, 투자 가치를 통해 도시형태의 분기(분류)가 가능하다.

(범례) 직주근접(職住近接)형 도시와 직주분리형 도시

직주근접 : 일자리와 잠자리가 가까워 물리적 요인과 시간적 요인이 함께 작용한다. 직주근접은 역세권 개발이나 토지 이용의 집약도로 개선할 수 있다. 직주근접의 산물은 '여유'다. 직주근접은 여가시간을 활용해 삶의 질적 가치가 높아 도시계획에서 중요한 과제다.

직주분리 : 도시화로 인해 주택가격거품에 신물을 느낀 나머지 많은 사람이 집값이 싼 교외로 내몰려 직장과 주거가 동떨어진 현상(베드타운)이다. 서울 인구를 분산하기 위한 목적으로 만들어진 성남시 구시가지, 분당, 일산 등 1기 신도시가 대표적이다.

최근에는 직주근접형을 뛰어넘은 '직주락'형의 도시를 지향하는 상황이다. 지역 개발의 모토가 바뀐 것이다.

직주락 = 업무+주거+여가(職+住+樂), 잠자리+일자리+놀자리가 함께 작동

(예) 화성시 일대(도시가 점진적으로 젊어져 지역 평균연령이 낮아짐)

직주락의 도시는 도농복합시나 전원도시처럼 도시의 다양화를 지향한다. 지역 지향점이 같다.

도농복합시(都農複合市)의 성격 ≒ 전원도시의 품격

도농복합시 : 도(시가지 동 지역)와 농촌(교외 읍면지역)을 한데 묶어 설치한 시

도농분리시 : 동(洞)으로 구성된 시이며 과밀억제권역에 집중되어 있다. 인구밀도가 높다.

(예) 의왕시, 군포시, 과천시, 구리시 일대

전원도시(田園都市) : 도시생활의 편리함과 전원생활의 신선함을 함께 누릴 수 있는 여유를 모토로 설계된 도시로서, 대도시의 특질과 대자연의 가치가 함께 작동하는 유토피아 성향이 강한 도시

(예) 대한민국 최고의 전원도시는 경기도 과천시

전원도시에 입성하기 전에 알아두어야 할 부분
접근성과 실용성을 견지한다. 지방의 전원도시의 접근성은 수도권 대비 매우 낮기 때문이다. 전원생활의 입지가 중요한 건 환금성 때문이다. 인구 집중도가 높은 수도권이 여러모로 유리하다.

027

신도시와 미니신도시의
차이점

신도시는 국가 주도의 신도시와 지자체 주도의 미니신도시로 분류할 수 있다. 개발 규모에 따라 정해진 분류다.

국가 주도의 신도시는 1기, 2기, 3기 신도시가 있다. 국가 주도의 신도시는 서로가 연동하며(연속성과 지속성 유지), 국가 주도의 신도시와 지자체 신도시가 서로 연계하기도 한다. 예를 들어 3기 신도시 왕숙신도시가 들어설 남양주시 일대의 다산신도시나 별내신도시는 서로 연동할 태세다.

대한민국 정부의 신도시

1기 : 분당신도시(경기도 성남시), 일산신도시(경기도 고양시), 중동신도시(경기도 부천시), 평촌신도시(경기도 안양시), 산본신도시(경기도 군포시)

2기 : 광교신도시(경기도 수원시, 용인시), 판교신도시(경기도 성남시), 운정신도시(경기도 파주시), 양주신도시(경기도 양주시), 한강신도시(경기도 김포시), 위례신도시(서울 송파구, 경기도 하남시, 성남시), 아산신도시(충남 아산시, 천안시), 동탄1신도시(경기도 화성시), 동탄2신도시(경기도 화성시), 검단신도시(인천 서구), 도안신도시(대전 서구, 유성구), 고덕국제신도시(경기도 평택시)

3기 : 왕숙신도시(경기도 남양주시), 교산신도시(경기도 하남시), 계양신도시(인천 계양구), 창릉신도시(경기도 고양시), 대장신도시(경기도 부천시), 광명시흥신도시 (경기도 광명시, 시흥시), 의왕군포안산신도시(경기도 의왕시, 군포시, 안산시), 진안신 도시(경기도 화성시)

지자체 주도의 신도시 - 미니신도시(택지개발지구)

지자체 주도의 미니신도시는 고잔신도시, 배곧신도시, 다산신도시, 별내신 도시 등이 있다.

신도시와 미니신도시의 특징은 무에서 유를 창조하는 과정이라는 것이다.

유에서 유를 창조하는 과정도 있다. 공공택지지구 및 도시개발사업이 이에 해당된다. 공공택지지구와 도시개발사업 중 후자가 규제를 덜 받아 유리하다.

도시개발사업 : 신도시나 택지개발지구에 비해 청약자격이나 전매제한 규제가 덜하고 상대적으로 개발 속도가 빨라, 초기부터 신도시 모습을 갖출 수 있다는 강점이 있다.
도시개발사업은 기반시설이 갖춰진 도심과 인접해 주거 환경이 우수하다. 속도 감 있는 개발로 인구유입 및 지역경제 활성화를 기대할 수 있어 신도시 개발의 대안이 되고 있다.
(예) 성남 동원지구 도시개발구역

공공택지(公共宅地)

국가, 한국토지주택공사, 지방자치단체 등 공공기관이 공공사업에 의해 개발·조성되는 공동주택이 건설되는 용지다.

택지개발촉진법의 택지개발사업으로 개발하는 택지, 도시개발법에 따라 도시개발사업으로 개발하는 택지 등이 이에 해당된다.

028

규제의 의미와
그 분류 방법

고수와 하수의 차이는 크다.

하수는 규제를 공포의 대상으로 여기지만, 고수는 규제 공간을 새로운 가치를 모색할 수 있는 기회의 공간으로 여기기 때문이다. 아파트 투자자와 달리 땅 투자자에게는 규제 강도를 조율할 수 있는 능력이 필요하다. 절대적이다. 아파트가 재건축의 가치를 조율할 때 땅은 반드시 개발가치를 따져보지 않으면 안 된다.

땅의 개발가치는 항상 두 가지 가치로 분기되기 때문이다.

1. 개별적으로 개발이 가능한 땅(완성도 높은 땅, 지적도상 도로가 구비된 지경) : 현재가치에 투자하기
2. 개발계획이나 주변 가치에 의해 내 땅에 대한 잠재력을 기대할 수 있는 경우 (비록 맹지일지라도 주변 가치나 국가의 개발청사진에 의해 움직이는 경우다) : 미래가치에 투자하기

만약 이 두 가지 중 한 가지에도 해당되지 않는다면 그 땅의 가치는 거반 제로다.

희망이 없다. 쓸모없는 땅이다. 이때는 규제 강도가 높다는 표현이 맞다.

따라서 땅 투자자는 반드시 규제지역을 노크하거나 체크하는 과정에서 위의 두 가지 경우의 수에 집중해야 한다. 그렇지 않은 상태에서 규제 강도를 알아보는 건 아무런 의미가 없다.

규제 강도는 입지에 의해 분류되지만, 단기규제 및 장기규제로도 분류할 수 있다. 규제의 필요성과 목적이 다르다.

장기규제의 목적은 보호의 개념이 강하다. 국방, 자연, 문화재 등을 철저하게 보호하는 것이 원칙이자 목적이 된다.

출처 : 저자 제공

(예)

문화재 보호 : 문화재보호구역, 지정문화재구역, 등록문화재구역, 역사문화환경보존지역 등이 있다.

군사 보호 : 군사시설보호구역, 비행안전구역 등으로 분류한다.

자연 보호 : 상수원보호구역, 수변구역, 특별대책지역, 공장설립승인지역, 공장설립제한지역 등으로 분류한다.

장기규제가 '물리적 보호의 개념'을 가진다면 단기규제는 '가격 보호'에 집중한다.

　가격 폭등을 투기로 인식해 곧바로 단기처방에 들어간다. 토지 거래허가구역, 개발행위허가제한지역, 투기지역, 투기과열지구 등으로 규제를 가한다.

　땅과 관련된 규제 중 토지 거래허가구역과 개발행위허가제한지역을 평균적으로 가장 많이 쓰이고 있다. 경기도 일대 땅값이 폭등하는 곳에서 재지정 되는 경우도 많다. 재지정하는 사례가 많다는 것은 그만큼 단기규제정책의 약발이 잘 먹히지 않다는 것을 증명하는 것이다.

　그러므로 땅 투자자는 장기규제의 규제 수위를 정밀하게 진단하라(위의 두 가지 사안 중 하나에 반드시 해당되어야 한다).

　단기규제정책은 투자에 걸림돌이 되지 않는다. 장기규제는 지정기간이 정해지지 않았지만 단기규제기간은 토지이용계획확인원에 규제기간이 상세히 명기되어 있기 때문이다. 즉, 소나기를 피할 자리가 마련되어 있어 걱정이 없다.

029

부동산이 기회의 공간인 이유
(빨대효과와 풍선효과)

부동산과 관련된 경제적 효과는 다양하다. 서로가 연동하고 있다.

예를 들어 승수효과, 메기효과, 낙수효과, 빨대효과 등은 하나다(효과와 가치가 주변에 영향을 미친다).

승수효과(Multiplier Effect) : 경제 현상에서 어떤 경제적 요인의 변화가 다른 경제적 요인의 변화를 가져옴으로 파급효과를 낳고, 결과적으로 최초의 몇 배 증가로 나타나는 총체적 효과

낙수효과(落水效果) : 고소득층의 소득증대가 소비 및 투자 확대로 이어져 결과적으로 저소득층의 소득도 증대되는 효과

나비효과 : 나비의 작은 날갯짓처럼 미세한 변화, 작은 차이가 추후 예상치 못한 엄청난 상황으로 이어지는 현상

빨대효과 : 새로운 교통수단의 개통으로 인해 주변 도시의 인구와 경제력이 대도시로 유입되는 현상

풍선효과 : 어떤 부분에서 과제와 과업을 해결하면 또 다른 곳에서 새로운 문제가 발생하는 현상

규제범위는 한정되어 있어 비규제범위는 반드시 존재하기 마련이다. 기회의

공간이 발견된다. 기회의 공간이 넓다. 비규제지역은 규제지역 대비 항상 좁기 때문이다.

빨대효과와 풍선효과는 부동산의 대표적 변수로 땅 투자를 결심, 결정할 수 있는 계기가 되고 있다.

부동산 세계에서 자주 사용되는 필수단어다.

메기효과 : 막강한 경쟁자의 존재가 다른 경쟁자들의 잠재력을 끌어올리는 경제효과. 메기 한 마리를 미꾸라지 어항에 집어넣으면 미꾸라지들이 메기를 피해 다니느라 생기를 얻기 때문에 미꾸라지를 장거리 운송할 때 수족관에 메기를 넣으면 죽지 않는다.

용인 처인구 일부 지역에 대기업 입성 소식에 인근 안성시 일부 지역에 생기(기회의 공간)가 생기고 있다. 용인과 안성은 수도권정비계획법상 성장관리권역이자 자연보전권역으로 지역색채가 같다. 지역유전자가 같다. 안성이 거품 1번지가 되어버린 용인의 투자 대안이 되고 있다.

성장관리권역과 성장관리지역의 차이(상호보완관계 유지)
성장관리권역 : 과밀억제권역에서 이전하는 인구와 산업을 계획적으로 유치하고 산업의 입지와 도시의 개발을 적정하게 관리할 필요성이 있는 지역
성장관리지역 : '수도권정비계획법'에 의해 과밀억제권역에서 이전하는 인구와 산업을 계획적으로 유치하고 산업의 입지와 도시의 개발을 적정하게 관리할 필요가 있는 지역으로 지정된 권역

030

입지규제최소구역(입소구역)제도

2015년 도입된 입지규제최소구역제도는 도심 내 쇠퇴한 주거지역과 역세권을 주거, 상업, 문화기능이 복합된 지역으로 개발하기 위해 용도지역에 따른 입지규제를 적용받지 않고 건축물의 허용용도, 용적률, 건폐율, 높이 등을 별도로 정할 수 있는 제도다.

입지규제최소구역은 도시지역에서 복합적인 토지 이용을 증진시켜 도시 정비를 촉진하고 지역 거점을 육성할 필요가 있는 지역에 '국토의 계획 및 이용에 관한 법률'에 따라 지정하는 용도구역 중 하나다. 용도지구 중 복합개발진흥지구의 성격을 일부 닮았다.

도시관리계획에 따라 시·도지사, 대도시 시장이 다음에 해당하는 지역에 지정할 수 있다.

1. 도시·군 기본계획에 따른 도심 부도심 또는 생활권의 중심지역
2. 철도역사, 터미널, 항만, 공공청사 등의 기반시설 중 지역의 거점 역할을 수행하는 시설을 중심으로 주변지역을 집중적으로 정비할 필요가 있는 지역
3. 3개 이상의 노선이 교차하는 대중교통 결절지로부터 1km 이내에 위치한 지역

4. 도시 및 주거환경정비법에 따른 노후 불량건축물이 밀집한 주거지역과 공업

   지역으로 정비가 필요한 지역

5. 도시재생 활성화 및 지원에 관한 특별법에 따른 도시경제 기반형 활성화지역

입지규제최소구역의 관리에 필요한 토지의 이용 및 건축물의 용도, 건폐율, 용적률, 높이 등의 제한에 관한 사항 등은 입지규제최소구역계획에서 결정한다.

입지규제최소구역계획으로 용도지역·지구에서의 토지 이용이나, 건축물 용도, 건폐율, 용적률 등의 제한을 강화하거나 완화해 정할 수 있다.

031

지상권과
지역권의 차이점

지상물(완성물)은 지상권을 필요로 하고 지상권은 지역권이 필요하다. 물건에 관한 권리가 전혀 없는 상태에서는 가치를 인정받을 수 없다.

물건(지상물)은 물권(지상권)을 통해 가치를 인정받는다. 비유하자면, 물건 자체가 움직일 수 없는 하드웨어 상태라면 물권은 소프트웨어 상태인 것이다.

지상권 : 타인의 토지에 건물을 비롯한 공작물을 소유하기 위한 권리. 토지와 그 위의 정착물을 별개로 취급하기에, 건물의 소유자가 토지에 대한 지상권을 가지고 있다면 토지 소유자와 건물 소유자가 다를 수 있다.

민법 제279조(지상권의 내용)
지상권자는 타인의 토지에 건물 기타 공작물이나 수목을 소유하기 위하여 그 토지를 사용하는 권리가 있다.

지역권 : 부동산 용익물권의 일종으로, 자기 토지의 편익을 위해 타인의 토지를 이용할 권리다.

지역권의 분류

1. 공중지역권 : 공중 공간을 이용하는 지역권으로, 주로 통신, 전주 등을 가설한다.
2. 관망 지역권과 조망지역권 – A지(요역지)의 관망을 방해할 만한 B지(승역지)의 이용방법을 제한하기 위해 설정되는 지역권

   (예) A의 관망을 위해 B지에 2층을 건축하지 않는다든가 경계선 부근에 수목을 심지 않는 것

지역권은 요역지와 승역지라는 토지의 이용조절을 위해 인정되는 권리다. 지역권이 성립하려면 요역지와 승역지는 반드시 별개의 토지여야 하며, 하나의 토지가 요역지와 승역지를 겸할 수 없다.

다른 사람의 토지를 통과해야만 도로로 이동이 가능한 경우, 타인 토지를 도로의 역할을 해야 하기에 그 도로의 역할을 하는 땅은 편익을 주는 땅인 승역지가 된다.

편익을 얻는 토지는 요역지라고 한다. 자신의 토지에 출입하기 위해 남의 토지를 지나야 하는 경우, 자신의 토지는 요역지에 해당한다.

032

토지 이동(이용)의 개념

신규 등록, 등록전환, 분할, 합병, 지목변경 및 개발사업으로 인한 토지 이동은 물론 등록 정정에 의해 토지 표시 부분이 정정될 때도 토지 이동에 해당된다. 토지 자체의 물리적 변동이 아닌 지적공부상의 변경을 의미하는 것이다.

1. 신규 등록 : 지적공부에 등록되지 않은 토지를 새로 지적공부에 등록하는 것으로, 지적공부에 등록되지 않은 토지, 공유수면매립지, 등록되지 않은 섬이 그 대상이다.

2. 등록 전환 : 임야대장 및 임야도에 등록된 토지를 토지 대장 및 지적도에 옮겨 등록하는 것으로, 토지에 관한 정밀성을 높여 토지 관리를 합리화하는 데에 그 목적이 있다. 그 대상은 산지관리법, 건축법 등 관계 법령에 의한 토지의 형질변경 또는 건축물의 사용승인 등으로 인해 지목을 변경해야 할 토지다.

3. 분할 : 지적공부에 등록된 1필지를 2필지 이상으로 나누어 등록하는 것으로, 소유권이전 및 매매 등을 위해 필요한 조치다.

4. 합병 : 지적공부에 등록된 2필지 이상을 1필지로 합해 등록하는 것으로, 각 필지의 지목이 같으면 그 행위가 가능하다. 각 필지의 지번부여지역이 같아야 한다.

5. 지목 변경 : 지적공부에 등록된 지목을 다른 지목으로 바꾸어 등록하는 것으로, '국토의 계획 및 이용에 관한 법률' 등 관계 법령에 따라 토지의 형질변경 등의 공사가 준공된 토지가 그 대상이다. 토지 또는 건축물의 용도가 변경된 토지도 이에 해당한다.

이런 일련의 작위적 행위 자체가 토지를 업로드시켜(동산화과정) 추후 환금화 과정을 용이하게 하는 힘이 될 수 있다. 즉, 토지 이동은 토지 이용을 의미한다. 활용가치가 곧 투자 가치와 연동하는 것이다.

033

공동구 등
도시계획시설의 설치 원칙

공동구는 전기, 가스, 수도 등의 공급설비, 통신시설, 하수도시설 등 지하매설물을 공동 수용함으로써 미관 개선, 도로구조 보전 및 교통의 원활한 소통을 위해 지하에 설치하는 시설물이다.

'국토의 계획 및 이용에 관한 법률'에 의한 기반시설 중 유통 공급시설의 하나다. 도시개발구역, 택지개발예정지구, 경제자유구역, 정비구역, 공공주택지구, 도청 이전 신도시 등 개발 규모가 큰 지역을 개발하는 사업시행자는 공동구를 설치해야 한다.

공동구 설치에 소요되는 비용 : 설치공사 및 내부공사의 비용, 설치를 위한 측량 및 설계 비용, 공동구의 설치로 인해 보상의 필요가 있는 때에는 그 보상비용, 공동구 부대시설의 설치비용

도시계획시설의 설치 원칙 : 지상, 수상, 공중, 수중 또는 지하에 기반시설을 설치하고자 하는 때는 그 시설의 종류, 명칭, 위치, 규모 등을 미리 도시관리계획으로 결정해야 한다.

지하 공동구는 업무시설 밀집지역, 대규모 주거지역 등에 공급되는 전력, 통

신, 수도, 가스 등의 관로를 한데 모아 관리하는 도심지역 핵심기반시설이다.

서울에는 총 8개소, 36.5km가 있다(여의도, 목동, 가락동, 개포동, 상계동, 상암동, 은평, 마곡동).

034

가축사육제한구역의 범위

가축사육제한구역은 지역주민의 생활환경보전과 수질보전을 위해 가축사육의 제한이 필요하다고 인정되어, 시장, 군수, 구청장이 '가축분뇨의 관리 및 이용에 관한 법률' 및 해당 지방자치단체 조례에 따라 지정한 구역이다.

지정 대상 지역은 다음과 같다.

1. 상수원보호구역, 특별대책지역 등 수질환경보전이 필요한 지역
2. 주거 밀집지역으로 생활환경의 보호가 필요한 지역
3. 수변구역
4. 환경기준 초과 지역
5. 환경부 장관, 시·도지사가 가축사육제한구역으로 지정 및 고시하도록 요청한 지역

규제한도 역시 지역과 입지에 따라 다르다. 가축의 종류와 사육 방식에 따라 규제 수위가 다르다. 서울특별시와 경기도 상황이 다르듯 수도권정비계획법상 과밀, 성장, 자연 상황에 따라 변수가 작용한다.

즉, 자연보전권역에서의 가축사육제한구역과 성장관리권역 내에서의 규제

범위가 다른 것이다.

서울 강북구 수유동 일대(과밀억제권역) : 가축사육제한구역 '가축분뇨의 관리 및 이용에 관한 법률'

경기도 광주시 도척면 일대(자연보전권역) : 가축사육제한구역(일부 제한지역)

경기도 양평군 양평읍 일대(자연보전권역) : 가축사육제한구역(2023. 6. 13)(전부 제한지역)

035

택지개발의 입지조건과
택지개발과정

택지개발의 입지조건은 다음과 같다.

1. 기존 시가지와 비교해 근거리에 있고 교통이 편리할 것
2. 토지 수용이 용이할 것
3. 도시공해와 공장공해가 적을 것
4. 인근에 하천이 있고 지하수가 풍부하며 급배수시설이 용이한 지역일 것
5. 농지가 가능한 적을 것
6. 주거환경이 양호할 것

다음으로는 택지개발과정을 살펴보겠다.

1. 기획단계 : 택지개발사업 대상의 용지취득, 토지 및 입지조건에 알맞은 토지 이용계획의 수립
2. 조성공사의 시공단계 : 토지의 구획, 형질변경과 공공시설의 설치 등 택지개발을 계획에 따라 시공하는 단계
3. 택지의 처분 및 이용단계 : 조성된 택지를 처분하거나 그 목적에 따라 택지로서 사용·수익이 시작되는 단계

4. 시가화단계 : 택지개발사업의 종료 후 택지전환에 따른 시가화가 진행되는

　　단계(도시의 도식화과정)

택지의 특성은 반드시 그 원료가 맹지여야 한다는 것이다. 접근성 높은 맹지의 특성 때문이다. 모든 주거용 부동산은 과거 접근성 높은 맹지였다. 건설사의 이익 때문이다.

'입지'와 '지역 브랜드'가 반드시 비례하는 건 아니나, 대기업 건설사가 일단 손을 대는 곳에서는 입지와 지역 브랜드 가치가 지속적으로 진화하는 것은 분명한 사실이다. 이는 부동산의 진리로 통한다.

투자자는 대기업 자체를 찾는 것보다 '대기업의 성질(대기업이 주변에 미치는 영향력과 잠재가치)'을 찾는 것이 훨씬 유리할 것이다.

마치 부동산 정보에 매몰되기 전에 부동산 성질에 집중하는 것처럼 말이다. 정확하고 신속하게 접근하기 위한 최선의 방법이다.

036

용도별 입지선정 방법

주거지역의 입지조건

1. 남쪽이 트이고 완만한 경사를 이루며 북쪽은 차가운 계절풍을 막아주는 산이나 숲이 있는 땅이 좋다.
2. 좋은 지질이란 습도를 알맞게 보존할 수 있는 흙으로, 점토와 사토가 적당히 섞인 토양이다.
3. 공공시설과 생활시설의 배치상태를 살펴본다.
4. 상하수도, 가스, 전기공급 등의 시설상태를 살펴본다.
5. 혐오시설의 유무를 따진다.
6. 토지 이용에 관한 공법상 규제상태를 알아본다.

상업지역의 입지조건

1. 배후지가 크고 인구밀도가 높고 고객 소득이 높은 곳에 들어가라.
2. 고객의 교통수단과 접근성을 알아본다.
3. 영업의 종류와 경쟁 상태도 알아본다.

※ 배후지 : 상업지의 가장 중요한 입지조건으로, 고객이 존재하는 상권을 말한다. 배후지의 범위는 점포 크기와 지역요인의 변화에 따라 다르다.

공업지역의 입지조건

1. 제품 판매시장과 원재료 구입시장의 위치관계를 견지하라.

2. 노동력 확보의 용이성

3. 도로, 항만, 철도 등 수송설비의 정비 상태

4. 연관 산업의 위치 관계

농업지역의 입지조건(녹지지역과 연동)

1. 토양, 일조, 습도 등의 기상상태

2. 농장과 시장과의 경제적 거리

3. 취락과의 위치관계 : 취락과의 거리는 경작자의 농기구나 생산물 운반의 능률성에 영향을 미친다. 인적 물적 협동관계에도 같은 작용을 한다.

농업지역의 품격이 녹지지역과 연동하는 이유

부동산 완성도의 차이 때문이다. 농업지역은 상대적으로 주거지역, 상업지역, 공업지역 대비 완성도가 높지 않기 때문이다. 그렇지만 언제든지 변수(대기업 등이 입성해 입지가 변할 기회)가 나타날 수 있어 기대를 포기할 이유는 없다. 1차 산업이 2차 산업으로 바뀔 수 있듯 농업공간이 공업공간으로 변신할 수도 있는 것이다.

예를 들어 상대적으로 수지구, 기흥구 대비 지역 완성도나 활성화 정도가 낮은 용인 처인구 일대가 지금 농업의 공간에서 공업의 공간으로 대변신할 채비를 하고 있지 않은가.

037

녹지의 필요성
(녹지분류 방법)

녹지는 도시지역 안에서 자연환경을 보전 또는 개선하고, 공해나 재해를 방지해 도시경관 향상의 도모를 목적으로 존재한다. 이는 '국토의 계획 및 이용에 관한 법률'에 의한 도시·군 관리계획으로 결정한 것이다.

녹지분류 방법

1. 완충녹지 : 대기오염 및 소음상태 그 밖의 이에 준하는 공해와 자연재해 등의 방지를 위해 설치하는 녹지다.

   재해발생 시의 피난 그 밖에 이와 유사한 경우를 위해 설치하는 완충녹지는 녹화면적률이 70% 이상 되어야 하며, 교통시설에 설치하는 완충녹지는 녹화면적률이 80% 이상이 되어야 한다.

   완충녹지의 폭은 원인시설에 접한 부분부터 최소 10m 이상 되어야 하는데, 다만 주택 또는 상가와 연접하지 아니한 산업단지의 경우 5m 이상의 범위에서 국토교통부 장관이 고시하는 폭 이상으로 할 수 있다.

2. 경관녹지 : 도시의 자연환경을 보지하거나 이를 개선하고 이미 자연이 훼손된 지역을 복원함으로써 도시경관을 향상시키기 위해 설치하는 녹지다.

3. 연결녹지 : 도시 안의 공원, 하천, 산지 등을 유기적으로 연결하고 도시민에
   게 산책공간의 역할을 하는 등 여가와 휴식을 제공하는 선형 녹지가 연결녹
   지다. 연결녹지의 폭은 녹지의 기능을 고려해 원칙적으로 최소 10m 이상으
   로 하고 녹지율(도시·군 계획시설면적에 대한 녹지면적 비율)은 70% 이상으로 설
   치한다.

녹지 활용의 가늠자가 곧 위의 3가지 녹지 상태다. 녹지는 장기규제의 품격
과 같아 꼭 필요하다. 지역주민들의 건강보호가 모토이기 때문이다. 토지의 건
강(토질 및 이용가치)과 사람들의 건강을 보지하기 위한 최종 수단이 바로 녹지 관
리인 것이다.

038

농어촌주택과
농막의 정의

도시를 떠나 자연인으로 살고자 하는 사람이 증가하면서 전원주택과 농어촌주택에 대한 관심도가 점점 높아지고 있다.

'농어촌정비법'에 의한 농어촌주택은 농어촌지역과 준농어촌지역(이상 마을정비구역)에 위치하고 장기간 독립된 주거생활을 할 수 있는 구조로 된 건축물이다.

농어촌주택과 비슷한 용어로는 농어가주택과 농가주택이 있다. 농어가주택은 법률용어가 아닌 일상용어다. 농가주택은 '농어촌특별세법'에 의한 농어촌특별세 비과세 대상에 해당되는 주택으로 고가주택을 제외한 영농 종사자가 영농을 위해 소유하는 주거용 건물과 이에 부수되는 토지로서 농지 소재지와 같은 시군구 또는 그와 연접한 시군구 지역에 소재하는 것을 말한다.

※ 귀농과 귀촌(전원생활)의 섬세한 차이

귀농은 이농의 반대어로 본래 도시에서 살아왔다가 농촌으로 돌아가서 농사 등을 짓는다는 구체적 뜻을 담고 있지만 귀촌은 전원생활을 의미한다. 귀농과 귀촌은 목적이 상이하다.

농막이 반드시 필요한 사람이 귀농자요, 농막의 용도를 융통성 있게 상용할 만한 정서적 여유를 가진 사람은 귀촌인인 것이다.

농막 : 농사작업에 직접 필요한 농자재 및 농기계 보관, 수확 농산물 간이처리 또는 농사작업 중 일시 휴식을 위해 설치하는 시설로서 연면적 20㎡ 이하이고 주거 목적이 아닌 경우로 한정한다. 농막에서 숙박하는 것은 불법이다.

039

농지법과
경자유전 법칙

부동산과 관련된 모든 법률에는 공통점이 하나 있다.

'투자의 사고'를 버리고 '실활용'에 집중하라는 것이다. 즉, 미래가치보다는 현재가치에 충성하라는 취지를 법을 통해 충고하는 것이리라.

농지법 취지 역시 마찬가지로 100% 실활용 목적으로 소유·이용하라는 것이다. 취지 목적을 본다면 토지 거래허가구역 지정 목적과 별반 다르지 않다.

농지법 전체를 규제로 인식하는 사람은 하수요 주말농장용으로 응용할 생각이라면 고수다. 농지, 맹지 등은 완성도는 낮으나, 사용자(부동산 주인) 손과 머리에 의해 활용가치가 변할 수 있다.

경자유전(耕者有田) 원칙 : 비농민의 투기적 농지소유를 사전에 방지하기 위한 우리나라의 헌법과 농지법 규정으로, 농업인과 농업법인만이 농지소유를 용납, 용인함을 의미한다.

헌법 제121조는 '경자유전 원칙'에 따라 농지 소유자격을 원칙적으로 농업인과 농업법인으로 제한하고 있으며, 농지법 제6조 1항에 따라 농지는 자기의 농업경영에 이용하거나 이용할 자가 아니면 이를 소유할 수 없도록 규정하고 있다.

그러나 지난 1996년 1월1일 개정된 농지법에 따라 도시거주인도 농지 소유가 가능하게 되어 어느 수위 융통성이 생겼다. 2003년부터는 주말농장제도가 도입되어 비농업인이 농지를 주말체험영농 등의 목적으로 취득하고자 하는 경우 세대당 1,000㎡ 미만의 범위에서 취득이 가능하다.

농지의 소유

제6조(농지 소유제한)

① 농지는 자기의 농업경영에 이용하거나 이용할 자가 아니라면 소유하지 못한다.

② 제1항에도 불구하고 다음 각 호의 어느 하나에 해당하는 경우에는 농지를 소유할 수 있다.

1. 국가나 지방자치단체가 농지를 소유하는 경우
2. 주말·체험영농을 하려고 제28조에 따른 농업진흥지역 외의 농지를 소유하는 경우
3. 상속으로 농지를 취득하여 소유하는 경우
4. 대통령령으로 정하는 기간 이상 농업경영을 하던 사람이 이농한 후에도 이농 당시 소유하고 있던 농지를 계속 소유하는 경우

농업의 보전

제28조(농업진흥지역의 지정)

① 시·도지사는 농지를 효율적으로 이용하고 보전하기 위하여 농업진흥지역을 지정한다.

② 제1항에 따른 농업진흥지역은 다음 각 호의 용도구역을 구분하여 지정할 수

있다.

1. 농업진흥구역 : 농업의 진흥을 도모하여야 하는 다음 각 목의 어느 하나에 해당하는 지역으로서 농림축산식품부 장관이 정하는 규모로 농지가 집단화 되어 농업 목적으로 이용할 필요가 있는 지역

가. 농지조성사업 또는 농업기반정비사업이 시행되었거나 시행 중인 지역으로서 농업용으로 이용하고 있거나 이용할 토지가 집단화 되어 있는 지역

나. 가목에 해당하는 지역 외의 지역으로서 농업용으로 이용하고 있는 토지가 집단화 되어 있는 지역

2. 농업보호구역 : 농업진흥구역의 용수원 확보, 수질보전 등 농업환경을 보호하기 위하여 필요한 지역

제29조(농업진흥지역의 지정 대상) 제28조에 따른 농업진흥지역 지정은 국토의 계획 및 이용에 관한 법률에 따른 녹지지역, 관리지역, 농림지역 및 자연환경보전지역을 대상으로 한다. 다만, 특별시의 녹지지역은 제외한다.

040

철도보호지구의
필요성

철도보호지구는 철도시설물 보호 및 열차 안전운행 확보를 위한 철도경계선(가장 바깥쪽 궤도의 끝선)으로부터 30m 이내의 지역을 말한다.

규제 수위를 국도로 치면 접도구역 정도로 보면 되겠다. 규제로만 생각하기보다는 물리적 안전에 집중하는 편이 낫겠다.

접도구역이 국도의 생명과 지속력을 지키기 위한 규제구역이라면 철도보호지구 역시 철도의 생명을 유지하기 위한 제도적 장치로 보면 되겠다.

철도보호지구 안에서 토지의 형질변경, 굴착, 토석, 자갈, 모래 채취, 건축물의 신축, 개축, 증축 행위 그 밖의 철도시설 손괴 또는 철도차량의 안전운행을 저해할 우려가 있는 행위를 할 시에는 국토교통부 장관 또는 시·도지사에게 신고해야 한다.

철도는 다음과 같이 고속철도, 도시철도, 일반철도로 구분한다.

1. 고속철도 : 열차가 주요 구간을 시속 200km 이상으로 주행하는 철도로서 국토교통부 장관이 그 노선을 지정·고시하는 철도다.
2. 도시철도 : 도시교통의 원활한 소통을 위해 도시교통권역에서 건설 운영하

는 철도, 모노레일, 노면전차, 선형유도 전동기, 자기부상열차 등 궤도에 의한 교통시설 및 교통수단을 말한다.

3. 일반철도 : 고속철도와 '도시철도법'에 따른 도시철도를 제외한 나머지 철도를 말한다.

건설비 전액이 국비로 투입된다. 투입되는 열차로는 KTX, ITX-새마을, 무궁화호, 화물열차 등이 있다.

무궁화호는 한국철도공사가 운행하는 열차의 한 등급으로, 광역철도를 제외하면 누리로와 같은 최하위 등급이다. 2000년대 초반까지 대한민국 장거리 철도 교통의 메카였으나 2004년에 생긴 KTX에 밀려 빠르게 쇠퇴하고 있다.

※ 광역철도 : 대한민국의 철도 건설사업 중 하나로, 둘 이상의 광역자치단체를 연결하는 도시철도 또는 일반철도로서 광역교통 문제 해결을 위해 특별히 지정된 도시철도나 일반철도를 말한다.

Part 03

토지는
변수를 먹고 사는 재화다

041

건물 주변 누구나
사용 가능한 공간, 공개공지

전반적으로 부동산 관련 힐링공간(여유·공유의 공간)이 증가하고 있다. 길을 지나다 보면 자주 접할 수 있는 여유 공간 중 하나가 바로 공개공지다.

공개공지는 대지면적에서 일반인이 사용할 수 있도록 설치하는 공개공간을 말한다. 도시환경을 쾌적하게 조성하기 위해 일정 용도와 규모의 건축물은 일반인이 사용할 수 있도록 소규모 휴게시설 등의 공개공지 또는 공개공간을 설치해야 한다.

일반주거지역, 준주거지역, 상업지역, 준공업지역 및 특별자치시장, 특별자치도지사, 시장, 군수, 구청장이 도시화의 가능성이 크거나 노후 산업단지의 정비가 필요하다고 인정해서 지정 및 고시하는 지역에서 다음의 건축물을 건축하고자 하는 경우, 대지면적의 10% 이하의 범위에서 건축조례가 정하는 바에 따라 공개공지 또는 공개공간을 확보해야 한다.

1. 바닥면적 합계가 5,000㎡ 이상인 문화 및 집회시설, 종교시설, 판매시설, 운수시설, 업무시설, 숙박시설
2. 그 밖에 다중이 이용하는 시설로서 건축조례로 정하는 건축물

공개공지 또는 공개공간은 공중이 이용할 수 있도록 다음의 기준에 따라 설

치해야 한다. 이 경우 공개공지는 필로티의 구조로 설치할 수 있다.

1. 물건을 쌓아놓거나 출입을 차단하는 시설을 설치하지 않을 것
2. 환경친화적으로 편리하게 이용할 수 있도록 긴 의자, 조경시설 등 건축조례로 정하는 시설을 설치할 것

공개공지 또는 공개공간을 설치하는 경우는 해당 지역을 적용하는 용적률의 1.2배 이하, 해당 건축물에 적용하는 높이 기준의 1.2배 이하의 범위에서 건축조례로 정하는 바에 따라 완화·적용을 받을 수 있다.

※ 공지 : 공지는 대지 내에 건물에 의해 점유되지 않은 부분으로 보건이나 안전을 위해 시설로 이용하지 않으면서 건축을 제한한 토지를 말한다.

공개공지는 공지 중에서 일반인에게 상시 개방되는 대지 안의 공간을 말한다. '완성형 녹지'의 다른 표현인 것이다. 녹지공간 중에서도 놀고 있는 공간이 꽤 있다.

원래 녹지는 완성도가 낮기 때문이다. '자연'이라는 말에서 파생된 단어가 곧 '녹지'다.

공개공지가 대세인 것은 갈수록 마천루가 증가하면서 건폐율 크기가 작아지는 상황과 무관치 않다. 건물과 건물 사이가 멀어질수록 건물 높이는 높아만 간다. 공실률과 용적률이 모두 높아만 간다.

가격이 들쭉날쭉한 이유다. 일방적으로 가격상승구도를 그릴 수가 없다. 아무리 용적률이 높아도 공실률이 높은 상태에서는 무조건 가격을 올릴 수가 없기 때문이다.

가격의 이중구도를 늘 그리는 이유이리라. 고로 투자자는 가격변화에 일희

일비할 필요가 없다. 부동산 가격의 이중구도는 마치 부동산의 순리와도 같기 때문이다.

042

배출시설설치제한지역과
상수원보호구역의 가치

부동산 관련 장기규제의 목적 대부분은 금수강산의 보전에 있다.

무조건 규제를 가하는 것이 아니라 보호가치를 우선순위에 두되, 개발가치는 개발의 타당성에 집중하는 것이다. 자연을 파괴한 지경에서의 개발은 무의미하기 때문이다. 난개발이 우려되고 지역주민들의 건강과 삶의 질을 위협한다.

규제는 특히 물을 집중적으로 보호한다. 물의 존재가치가 사람의 원료이기도 하지만, 산의 원료가 맑은 물이기 때문이다. 오염된 물은 자연과 사람 모두에게 사형선고를 내린다.

물은 지상권을 프리미엄으로 조성한 '조망권'의 원료이기도 하다. 조망권이 빼어난 수도권 일대에 장기규제에 걸려 있는 지역이 다양하게 분포하고 있다.

조망권에 관한 철저한 규제가 필요한데, 그중 하나가 공장설립제한지역, 그리고 배출시설설치제한지역이다.

배출시설설치제한지역은 상수원보호구역 상류지역, 특별대책지역과 그 상류지역, 취수시설이 있는 지역 및 그 상류지역의 배출시설로부터 배출되는 수질오염물질로 인해 환경기준의 유지가 곤란하거나 주민의 건강, 재산, 동식물 생육에 위해를 가져올 우려가 인정되는 경우 환경부 장관이 '물환경보전법'에 따라 배출시설 설치를 제한한 지역을 말한다.

배출시설 설치를 제한할 수 있는 지역의 범위는 다음과 같다.

1. 취수시설이 있는 지역

2. 수질보전을 위해 지정·고시한 특별대책지역

3. 공장설립이 제한되는 지역(특정수질유해물질 배출시설만 해당)

4. 1부터 3까지 해당하는 지역의 상류지역 중 배출시설이 상수원의 수질에 미치는 영향 등을 고려해 환경부 장관이 고시하는 지역(특정수질유해물질 배출시설만 해당)

   다만, 특정수질유해물질을 배출하는 배출시설로서 배출시설의 설치제한지역에서 폐수 무방류 배출시설은 환경부 장관이 정하는 바에 따라 설치할 수 있다.

'수도법'에 의한 상수원보호구역

환경부 장관이 취수시설이 설치되어 있거나 설치될 예정인 지역에서 지정하며, 취수원별 지정기준은 다음과 같다.

1. 하천수와 복류수의 경우 : 취수지점을 기점으로 유하거리 4km를 표준거리로 하되, 주변 지역의 개발 잠재력을 고려해 표준거리를 가감할 수 있다.

2. 호소수의 경우 : 상수원 전용댐, 1일 취수량 10만 톤 이상의 상수원, 그 밖에 지역의 특성상 필요하다고 인정되는 호소는 표준거리의 산정기점을 호소의 만수위선으로 한다.

   호소수(湖沼水)는 계절별 강우량이 다른 조건에서 홍수 시와 갈수 시에 유량을 조절할 목적으로 건설한 댐과 둑에 고여 있는 물을 말한다.

3. 지하수의 경우 : 취수지점을 기점으로 지하 깊이, 수질, 취수량, 인접지역의 토지 이용상태 등을 고려해 지정한다.

특별대책지역

환경오염과 훼손, 자연생태계의 변화가 현저하거나 현저하게 될 우려가 있는 지역과 환경기준을 자주 초과하는 지역의 환경보전을 위해 환경부 장관이 '환경정책기본법'에 따라 지정·고시한 지역을 말한다.

특별대책지역은 수도권 3대 도자기도시인 경기도 광주시, 이천시, 여주시 일대와 물의 도시인 양평군, 가평군 일대의 자연보전권역에 두루 걸쳐 있다. 수도권정비계획법상 성장관리권역이자 자연보전권역인 용인특례시 일부 지역에도 포함된 지경이다.

043

님비와 핌피

개발 시 알박기와 난개발이 문제지만 지역주민들의 도덕성이 문제가 되는 경우도 있다. 난개발은 위정자들의 무분별한 개발공약이 문제가 되기도 한다. 개발공약의 남발과 남용은 인기영합주의와도 연관이 있다.

개발 시 또 하나의 문제는 지역이기주의다. 나만 살겠다는 이기주의가 개발과 개혁의 걸림돌이 되고 있다. 개발과정에서 변수가 발생한다. 좋은 변수와 나쁜 변수로 말이다. 전자는 입지가 좋아지는 경우고 후자는 혐오시설이 잔존하는 경우다.

(범례) 님비 ↔ 핌피

님비현상(NIMBY, Not In My Back Yard) : 내 집 뒷마당에는 안 된다.

핌피(PIMFY, Please In My Front Yard) : 제발 내 집 앞마당에 해주세요!

요구사항이 다르다 보니 입장 차가 크다. 지역핵심을 발견하는 것이 중요하다. 개발 효과를 구체적으로 알아볼 필요가 있다.

(예) 핵심생산인구(25~49세)가 꾸준히 증가한다면 긍정적인 효과다.

개발 시 혐오 및 기피시설물이 우리 집 인근에 온다고 해서 무조건 반대만 할 건 아니다. 가령 위례신도시를 개발하면서 일부 군사시설이 이천시 마장면 일대로 옮긴 적이 있었다. 갈등을 해소한 건, 지역 간 주민 간 협의체가 잘 마련돼서다. 협상은 원-윈이다. 조화다.

개발은 '사랑'이다. 사랑은 일방적으로 주는 것이 아니라 주고받는 것이다.

상업지만 내 땅에 들어오고 기피시설은 내 땅에는 절대로 안 된다는 건 '사랑'이 아니라 '사망'이다.

나도 죽고 지역도 죽는 것이다.

044

비오톱의 존재감

도심 곳곳에 만들어지는 비오톱(Biotope)은 단절된 생태계를 연결하는 징검다리 역할을 하기 때문에 꼭 필요하다.

비오톱은 생명을 의미하는 비오스와 생땅을 의미하는 토포스의 합성어다. 인간과 동식물 등 다양한 생물종의 공동 서식장소를 의미한다.

출처 : 저자 제공

비오톱 필요성의 대두 : 비오톱은 야생생물이 서식하고 이동하는 데 도움이 되는 숲, 가로수, 습지, 하천 등 도심에 존재하는 다양한 인공물이나 자연물로 지역 생태계 향상에 기여하는 작은 생물서식공간이라 꼭 필요하다. 이게 죽으면 인간도 죽기 때문이다.

서울특별시는 지난 2010년부터 총 5개 등급으로 비오톱 유형을 구분했다. 서울시 도시계획조례 제24조에 따라 비오톱 1등급지에 대한 일체의 개발행위를 금지하고 있다.

참고로 서울시 그린벨트는 25%를 차지하고 있다. 개발가치도 높지만, 보전의 가치와 보호가치에도 집중하고 있는 것이다.

도시지역 내 생물근접의 종과 그 수가 급감해 보존 및 복원이 절실한 상황이다. 도시관리 방향도 보존이나 복원 위주로 전환되었다. 도시 내에 인간과 자연이 공존할 수 있는 환경 마련이 시급한 지상과제가 되었다. 도시계획 입안, 결정 시 도시생태 보전을 고려하도록 하는 이유이리라.

이를 위해 도시 전역에 대한 생태 현황을 조사하고 이를 지도화(도식화해 향후 도시계획 수립과 정립에 활용하고자 만든 도시생태현황도, '비오톱 지도')를 제작하게 되었다.

도시생태 현황 조사 내역

1. 토지 이용 현황
2. 토양의 불투수 포장 현황
3. 현존 식생 현황
4. 비오톱 유형 현황과 비오톱 유형 평가결과, 개별 비오톱 평가결과

도시생태 현황 조사 결과, 비오톱 유형평가 1등급이고 개별 비오톱 평가 1등급으로 지정된 부분은 보전을 원칙으로 한다.

비오톱 유형 평가 등급

1등급 : 보전이 우선 되어야 하는 비오톱 유형
2등급 : 보전이 필요한 비오톱 유형

3등급 : 대상지 일부에 대해 보전을 하고 잔여지역은 생태계 현황을 고려한 토지 이용이 요구되는 비오톱 유형

4등급 : 생태계 현황을 고려한 토지 이용이 요구되는 비오톱 유형

5등급 : 도시생태 측면에서 부분적으로 개선이 필요한 비오톱 유형

개별 비오톱 평가 등급

1등급 : 보호가치가 우선시 되는 비오톱(보전)

2등급 : 보호할 가치가 있는 비오톱(보호, 복원)

3등급 : 현재로서는 한정적인 가치를 가지는 비오톱(복원)

045

산지관리법에 따라 산지에 해당하는 토지

야산은 개발대상 토지다. 입지와 상관없이 도로개설만 가능하면 언제든지 개별 개발이 가능하다.

야산에 붙은 그린벨트 토지도 개발 가능성이 크다. 야산의 개발 가능성의 지표가 되는 게 있다. 산지전용이다.

산지전용은 산지를 벌채, 토석 등 임산물 채취, 임산물 재배, 산지일시 사용 용도 외로 사용하거나 이를 위해 산지의 형질을 변경하는 것을 말한다.

산지전용을 하고자 하는 때는 산림청장, 시·도지사, 시장, 군수, 구청장의 허가를 받거나 협의 또는 신고해야 한다.

단, 인근 산림의 경영과 관리에 지장을 주는 경우, 집단적인 조림 성공지 등 우량산림이 많이 포함된 경우, 토사 유출과 붕괴 등의 재해 발생의 우려가 있는 경우는 전용에 제한을 받는다.

산지전용 대상은 다음과 같다.

1. 산림경영, 산촌개발, 임업시험연구, 수목원, 자연휴양림 조성을 위한 영구시설과 그 부대시설의 설치
2. 농림어업인의 주택시설과 그 부대시설의 설치

3. 건축허가 또는 건축신고 대상이 되는 농림수산물의 창고, 집하장, 가공시설
   등의 설치

'산지관리법'에 의한 산지는 다음에 해당하는 토지를 말한다.

1. '공간정보의 구축 및 관리 등에 관한 법률'에 따른 지목이 임야인 토지
2. 입목(立木), 대나무가 집단적으로 생육하고 있는 토지
4. 임도, 작업로 등 산길

다만, 농지, 초지, 주택지, 도로, 과수원, 삽수 또는 접수의 채취원, 입목·죽이 생육하고 있는 건물 담장 안의 토지 , 입목·죽이 생육하고 있는 논두렁, 밭두렁, 입목·죽이 생육하고 있는 하천, 제방, 구거, 유지는 제외한다.

- 산림정보 다드림(gis.kofpi.or.kr)
- 한국임업진흥원(www.kofpi.or.kr)

046

한계농지와
영농여건불리농지

한계농지는 농업진흥지역 밖의 농지 중에서 영농 조건이 불리해 생산성이 낮다.

1. 최상단부에서 최하단부까지의 평균경사율이 15% 이상이거나 집단화된 농지의 규모가 2만㎡ 미만인 농지
2. 광업권의 존속기간이 끝났거나 광업권이 취소된 광구의 인근 지역 농지로서 토양오염으로 인해 농업 목적으로 사용하기에 부적당한 농지

한계농지 등의 정비사업은 다음의 상황에 준한다.

1. 과수, 원예, 특용작물, 축산단지, 양어장 등 농림수산업을 위한 농지의 조성 및 시설의 설치
2. 농어촌관광휴양단지, 관광숙박시설 등 농어촌 관광휴양자원을 개발하고 이용하기 위한 시설의 설치
3. 주택, 택지 및 부속농지, 공업시설, 전시장, 박물관 등 문화예술 관광시설, 체육시설, 청소년 수련시설, 의료시설, 교육연수시설, 노인복지시설의 설치
   그 밖에 농어촌지역의 개발을 촉진하기 위해 필요한 시설로서 종교집회장,

아동 관련 시설, 업무시설의 설치

한계농지 등 정비지구

한계농지 등 정비지구는 농어촌지역의 한계농지와 그 주변 가치 등의 토지를 관광휴양자원 개발하기 위한 것이다. 공업시설, 체육시설, 노인복지시설, 아동 관련 시설 등 농어촌지역에 필요한 다양한 형태의 개발을 통해 지역자원을 확충한다. 한계농지 등 정비사업을 추진하기 위해 시장, 군수, 구청장이 지정·고시하는 지구다.

한계농지는 평균 경사율 15% 이상이거나 집단화 규모 2만 ㎡ 미만인 지역이며 농업진흥지역 밖의 농지다. 영농조건이 불리해 생산성이 낮은 농지라는 점에서 영농여건불리농지와 격을 함께 한다.

영농여건불리농지는 최상단부터 최하단부까지의 평균 경사율이 15% 이상인 영농 여건이 불리한 농지로서, 예외적으로 비농업인이 소유할 수 있는 농지다(농지법 제6조 제2항 제9호).

농지법에 따라 자기의 농업경영에 이용하지 않더라도 예외적으로 소유가 허용된다. 농지법은 투자자 입장에서는 분명코 규제다. 목적이 분명한 자에게는 규제가 아니다.

토지 마니아 입장에서 영농여건불리농지를 '접합과 저촉의 중간단계'로 인지하면 좋겠다. 인공적으로 생긴 지경이 아니기 때문에 하는 말이다.

토지 마니아든 투자 마니아든 그 입장에서는 기회의 땅으로 점철될 수가 있다.

부동산에서는 '절대'란 없다고 본다.

예외와 의외의 상황을 특별법이나 변수로 응대하거나 응용, 적용되고 있는 것이 현실이다. 법은 판례를 만들지만 '변수'는 '새로운 투자 가치'의 다른 말이다.

047

임야(산지) 구입할 때
피해야 할 다섯 가지

임야(산지) 구입할 때 피해야 할 다섯 가지

1. 입지가 형편없는 보전산지
2. 분묘기지권이 인정되는 묘지가 있는 임야
3. 개발허가가 어려운 급경사 임야
4. 보전가치가 높은 나무 등이 많은 임야
5. 암반 등이 많고 공사 시 재해 발생이 우려되는 임야

부가가치 높은 임야를 고르는 안목 일곱 가지

1. 경사가 완만하고 조망이 좋은 땅이나 산꼭대기 분지형 지형을 모색하라.
2. 자갈과 암반이 적은 토질로 배수가 잘되는 남동향 땅을 모색한다.
3. 도로 진입이 수월하고 생활 편의시설과의 거리가 가까운 곳을 고른다.
4. 부지는 정사각형이나 직사각형이 좋고 도로와 접한 면이 넓은 땅이 활용도가 높다. 도로 폭, 건축법상 부지가 최소한 4m 이상인 도로와 접해야 한다. 도로에 접한 대지의 길이는 2m 이상 또한 연면적이 넓을수록 6m 이상의 도로에 접해야 한다.
5. 숲이 울창하고 보존가치가 높은 임야는 피하라.

산지전용허가가 힘들다. 특히 팔당상수원 수질의 보전 및 특별대책 1권역과 2권역에 포함된 양평군, 가평군, 광주시, 남양주시, 용인시, 여주시, 이천시 일대는 사전에 지자체를 방문해 취득제한범위와 규제내역 등을 반드시 검토해 허가 여부를 따져보라.

6. 인근 주민들과 행정기관이 지역개발에 호의적인 곳이 유리하다. 지역이기주의가 팽배하면 안 좋다.

7. 교통여건이 좋아지고 관광자원이 풍부한 지역을 선택하라. 작금의 힐링시대와 맥을 함께 한다.

임야도 개발 가능한 등급이 있다. 산림청이나 자치단체에서는 산지전용 및 개발에 대한 타당성을 평가해 산지전용허가 여부를 결정하는 산지전용 타당성 평가제를 실시한다. 민원인들은 주요 평가 항목을 쉽게 접할 수 있다.

1. 임야의 경사도
2. 산사태 위험 정도
3. 상수 취수원과의 거리
4. 입목 축적
5. 법정 용도지역·지구·구역과 주변 경관

분묘기지권의 3가지 유형을 살펴보자.

1. 분묘를 소유자의 승낙을 얻어 설치한 후 분묘기지권의 취득 – 승낙형 분묘기지권

   토지 소유자의 승낙을 얻어 분묘를 설치하며 토지 이용의 법률관계를 지상권, 전세권, 임대차, 사용대차와 같이 구체적인 내용을 정하지 않은 경우다.

분묘소유자는 관습법에 의해 분묘기지권을 취득했다고 인정된다. 이는 관습법이 당사자 의사를 대변하는 역할을 한 것이다.

2. 분묘를 소유자의 승낙 없이 설치한 경우 분묘기지권의 시효취득 – 취득시효형 분묘기지권

토지 소유자의 승낙 없이 분묘를 설치하고 분묘 소유자가 20년 동안 평온하고 공연하게 분묘를 점유했을 때 관습법에 따라 분묘기지권을 취득한 것으로 인정된다.

3. 자신의 토지 위에 분묘 설치 후 자기 소유의 토지를 처분하는 경우 분묘기지권의 취득 – 양도형 분묘기지권

자기 소유의 토지 위에 분묘를 설치한 후 분묘에 대한 소유권의 유보나 이전에 관한 합의 없이 토지를 처분한 경우 분묘소유자는 관습법에 따라 분묘기지권을 취득했다고 인정된다. 관습법이 분묘기지권의 성립 근거가 된다.

분묘기지권

분묘가 다른 사람 명의의 토지 위에 설치된 것이라 하더라도 분묘와 그 주변의 일정 면적의 토지에 대해서는 사용권을 인정해주는 관습법상의 물권으로, 취득형식은 3가지로 분류된다.

출처 : 저자 제공

048

접근성 높은
맹지 기준과 집합건물

서울특별시를 제외한 전국에 맹지 분포도가 넓다. 그렇기 때문에 땅 투자자들은 맹지가치를 정밀하게 공부해야 한다. 맹지 자체보다는 주변 가치에 열중해야 한다.

예컨대 맹지 주변의 집합건물의 상태를 점검한다. 단독주택보다는 낫다. 토지 투자자 입장에서 단독주택을 지역 랜드마크로 인지하지 않는다. 단독주택을 지역 이정표로 인지하는 건 무리다. 마치 초등학교를 랜드마크로 인지하는 것 같아서다. 대학교와 초등학교의 존재감과 단독주택과 집합건물의 존재감은 확연히 다르다. 지역입지 차이가 크다.

집합건물의 정의 : 오피스, 아파트형 공장, 오피스텔, 아파트, 연립주택, 다세대주택 등이 포함된 것으로 그 성질이 다양하고 다변화된 지경이다.

공동주택 : 건축물의 벽, 복도, 계단 등을 전부 또는 일부를 공동으로 사용하는 각 세대가 하나의 건축물 안에서 각기 독립된 주거생활을 할 수 있는 구조로 된 주택이다. 아파트, 연립주택, 다세대주택, 기숙사 등이 이에 해당된다.

이와 반대의 단독주택은 공동주택 대비 역사가 깊은데, 다중주택, 다가구주택, 공관이 이에 해당된다. 공관은 정부 고위 관리가 공적으로 사용하는 거주

공간이고 다중주택은 독립된 주거형태를 갖추지 않은 것으로 연면적이 660㎡ 이하, 층수는 3층 이하인 주택이다. 독립된 주거형태를 갖추지 않았다는 의미는 실별로 욕실은 설치할 수 있으나, 취사시설은 설치하지 않은 것을 말한다.

도시형생활주택 : 2009년 도입된 도시에 지을 수 있는 공동주택의 일종으로 소형 공동주택으로, 전용면적 85㎡ 미만, 30가구 미만의 공동주택이며 일반주택 대비 주택으로서의 갖추어야 할 까다로운 조건이 덜 한 편이다. 1~2인 가구 수가 급증하는 지금에 딱 맞는 주택형태다.

단독주택과 달리 공동주택은 크게 둘로 분기된다. 대형 공동주택과 소형 공동주택으로 말이다.

대형 공동주택은 아파트를 말하는 것이고 소형 공동주택은 도시형생활주택을 포함한 주택을 말한다. 빌라가 여기에 포함된다.

단독주택의 미래는 공동주택(아파트, 집합건물)이다.

소형 공동주택과 단독주택 모두는 그 미래가 정해져 있다.
아파트단지로 다시 태어난다. 단독주택과 소형공동주택(빌라)이 오래되면 아파트로 반드시 재탄생하는 건 사업성 때문이다. 용적률 크기가 변한다. 주택의 키가 커지면서 가격 크기도 커진다. 건설사의 이익 때문이다. 사업성과 경제성을 따지니 당연히 대형 공동주택에 집중하게 되는 것이다. 이건 순리다.
이 통에 주변의 맹지가 새로운 기회의 공간으로 재탄생된다. 접근성 낮은 맹지가 접근성이 높은 맹지로 변신하는 것이다.
결국, 토지 투자자와 토지 마니아가 새로 생기는 것은 아파트가 새로 생기기 때문이다. 주변 가치를 바라보는 토지 투자자들에게는 호기다. 맹지의 주변 가치가 변하든, 대기업이 직접 맹지를 개발해 맹지 변신에 힘을 가하든, 맹지는 변화의 산물임은 틀림없다.

중요한 것은 항상 대기업은 맹지 입지를 전격적으로 바꿀 의지가 있다는 사실이다. 대기 중인 맹지가 많아 주변에 도로 개설 작업이 지금도 진행 중이다. 이 사실을 인정하면 토지 투자자 되기가 수월하다. 즉, 대기업 신뢰도와 명성 정도에 따라 가치가 달라지는 것이다.

049

수도권, 비수도권을
직접역세권과 간접역세권으로 인식하는 이유

맹지의 속성을 공부하는 것은 맹지 주변의 잠재력을 감지(또는 감시)하기 위해서다.

마찬가지로 수도권이건 비수도권이건 지역가치를 공부하는 이유는 주변 변수 때문이다. 예측불허의 많은 변수가 투자의 이유가 된다.

대한민국 수도권의 인구는 2024년 4월 30일 기준 약 2,603만 명으로, 대한민국 인구의 절반 이상(50.8%)이 수도권에 몰려 있다. 대한민국 국민 절대다수가 도시지역에 몰려 있는 것처럼 집중화, 집단화되어 있다.

이 구조를 바꿀 도리는 없다. 비수도권에서 인구가 증가하는 광역자치단체는 세종특별자치시와 충청남도뿐이다. 충남의 경우 수도권의 투자 및 실수요의 대안이 되고 있기 때문이다. 규제를 피해, 소나기를 피해 그곳으로 이동하는 것이다. 건축물에 관한 인허가 문제가 늘 수도권에서는 악재다. 개발가치와 보호가치 모두가 높기 때문이다.

두 가지 가치 사이에 늘 새로운 가치가 존속하는데 그 가치가 바로 '인구의 꾸준한 증가세'다. 외형상으로 주거 및 유동인구 모두 합격점이다. 수도권 교통혁명이 지속적으로 이루어지고 있기 때문이다.

수도권정비계획법이 긴요한 까닭이리라.

수도권의 경우 대도시 특례를 받는 도시는 12개나 되는데 비수도권에서 대도시 특례를 받는 도시는 6개에 불과하다. 2배 차이가 난다.

12개 지자체 : 수원, 고양, 용인, 성남, 부천, 화성, 남양주, 안산, 안양, 평택, 시흥, 파주(이 중 우연하게도 평택과 남양주는 면적이 같다)

6개 지자체 : 창원, 청주, 천안, 전주, 김해, 포항

수도권과 비수도권의 접근방식은 역세권으로의 접근방식과 비슷한 면이 없지 않아 있다.

수도권의 영향력은 마치 직접역세권의 힘과 같고, 비수도권은 간접역세권과 같은 품격을 지니고 있기 때문이다. 직접역세권의 영향력(반경)은 법적으로 정해져 있지만, 간접역세권은 개별성이 강하다. 변수가 심한 영역이기 때문이다. 하나는 공공성과 공익성이 강한 반면에 하나는 개성이 강해 창의력을 발휘할 기회의 공간이 될 수도 있다.

규제의 차이 때문이다. 수도권은 중첩개발과 중첩규제가 심하다. 수도권정비계획법을 통해 통제하고 있는 상태다. 과밀억제권역(서울특별시는 인구밀도가 가장 높은 과밀억제권역)을 중심으로 성장관리권역과 자연보전권역이 공중과 지상을 부양 중이다. 공전 중이다.

규제가 심한 서울, 경기지역을 피해 서울과 가까운 충남지역으로 공장설립의 이유로 이전하는 경우도 많다.

수도권은 변수가 많되 안정적이다. 범위는 3가지 형태로 분기한다. 비수도권 대비 인구밀도가 상당히 높기 때문에 가능한 것이다.

1. 일반적인 범위(법적 범위의 수도권)

   서울특별시 + 인천광역시 + 경기도

2. 넓은 범위의 수도권(확장 수도권)

   서울특별시 + 인천광역시 + 경기도 + 강원특별자치도 춘천시 + 충청남도 천

   안시, 아산시(인구 규모가 2,730만 명으로 전체의 53%를 차지하고 있다)

3. 특수한 용법

   수도권 중에서 서울특별시만 빠지는 경우가 있다.

   대학입시나 부동산 업계 등에서 서울권과 수도권으로 구분한다. 서울특별시

   는 서울이고 서울 인접지역은 수도권으로 따로 구분한다.

   언론계에서는 지방의 의미를 수도권 및 광역시 이외 지역으로 지정해놓았다.

   아마도 광역시의 거대하고 화려한 화력의 인구 규모 때문일 것이리라.

050

시가화조정구역과
체비지

시가화조정구역은 도시지역과 주변지역의 난개발 방지와 체계적인 개발을 위해 일정기간 지역개선(시가화)을 유보할 필요가 있다고 인정되는 경우 결정, 고시한다.

시가화조정구역은 '국토의 계획 및 이용에 관한 법률'에 의한 용도구역 중 한 종류이며, 이 구역에서는 농업, 임업, 어업용의 건축물 건축은 특별시장, 광역시장 등의 허가를 받아야 한다.

조정구역 대상은 다음과 같다.

1. 도시의 무질서한 '시가화'를 방지하기 위해 일정기간 개발을 제한할 필요가 있는 지역
2. 도시의 계획적, 단계적인 개발을 위해 일정기간 개발을 '유보'할 필요가 있는 지역
3. 국가의 주요정책을 수행하기 위해 도시적 토지 이용을 '일시적으로 중단'해야 할 필요가 있는 지역

시가화를 유보하는 기간은 5년 이상 20년 이내다.

시가화구역은 도시 내의 시가지구역 또는 장래의 계획적인 시가화를 이행할 구역을 말한다.

※ 체비지 : 토지 구획정리사업지구로 지정한 후 개발에 필요한 자금 조달을 위해 구획정리지구 내 지역주민의 개인 토지 점유면적에 따라 감보율을 적용해 확보한 토지를 말한다.

구획정리사업 중 엄청난 비용이 들게 되어 이 비용 충당을 위해 마련된 땅이 체비지다. 체비지는 구획정리사업구역 내 지주들의 땅 일부를 떼어내 충당하는데 이를 감보라고 한다. 소유한 땅의 부담비율이 감보율이다. 감보율 결정은 사업시행자가 지주들과 협의를 거쳐 사업시행자인가를 받을 때 확정한다.

사업시행자는 지주로부터 받은 땅을 재원으로 이를 팔아 공사비를 댄다. 도로, 공원 등 공공용지로 쓰일 땅도 체비지로 충당한다.

도시개발사업으로 인해 발생하는 사업비용을 충당하기 위해 사업시행자가 취득해 집행 또는 매각하는 토지가 체비지다.

도시개발사업에 필요한 경비에 충당하거나 규약, 실시계획으로 정하는 목적을 위해 일정한 토지를 환지로 정하지 않고 보류지(保留地)로 정할 수 있다.

그중 일부를 체비지(替費地)로 정해 도시개발사업에 필요한 경비를 충당할 수 있다.

'주택법'에 따른 국민주택건설용지 확보를 위해 필요한 경우 체비지를 집단으로 지정할 수 있다. 집단체비지는 대지의 ㎡당 단가가 비교적 낮은 지역에 지정하고, 체비지 면적의 70% 범위에서 지역여건에 따라 결정한다.

시가화조정구역의 지정 목적과 도시개발사업의 목표가 약간 다르다.

하나는 난개발 방지의 성격을 지니고 있어 규제의 의미를 담고 있다면, 하나는 개발과정 중에 발생할 수 있는 경제적 불이익 등을 방지하는 모양새다. 즉, 각기 물리적 불이익을 사전에 방어하고, 사업성과 공정성, 공공성에 집중하고 있는 것이다.

051

도로의 분류

맹지 공부를 매번 강조하는 건, 도로의 중요성을 강조하기 위해서다.
분할과정 중에 발생하는 여러 가지 도로의 성격은 도시의 가치를 변화시킨다.

도로의 분류 : 고속도로, 국도, 지방도, 시도, 고속화도로, 도시고속도로, 강변
로, 산복도로, 순환로, 비포장도로, 임도, 제방도로, 측도, 농어촌도로, 사도, 이
면도로

국도 : 국가에서 관리, 운영하는 도로. 국토교통부에서 관리, 운영 중이다.
지방도 : 도와 특별자치도에서 지정해 관리 및 운영하는 도로
고속화도로 : 건널목과 신호등이 없어 자동차가 고속으로 달릴 수 있도록 만든
도로
도시고속도로 : 교통난을 해소하고자 도시와 도시 또는 도심과 외곽을 연결하
고 구역별로 정해진 나들목으로만 출입이 제한되는 왕복 자동차 고속전용도로
강변로(강변도로) : 강이나 하천의 변두리에 있는 도로. 대도시의 경우 보통 시
역 한가운데로 강이 가로지르는 형태이기 때문에 강변로가 주요 간선도로 역
할을 하기도 한다. 이를테면 서울 한강의 강변북로와 올림픽대로가 여기에 해
당된다.

도시의 개발이 이미 이루어져 간선도로 부지를 확보하기 힘들 때 강변에 도로를 부설하기도 한다. 이렇게 만들어진 게 서울 중랑천변의 동부간선도로다.

산복도로 : 경사지까지 개발이 이루어지며 가장 위쪽에 자리한 도로다. 산의 중턱을 지나는 도로

순환로(순환도로) : 특정 지점에서 출발해서 계속 강변 한 바퀴를 돌아 출발한 곳으로 다시 돌아오는 도로

비포장도로 : 아스팔트 등으로 포장이 되지 않은 도로. 통행량이 적은 농어촌도로에서 주로 볼 수 있는 도로

임도(林道) : 임산물을 나르거나 관리를 위해 조성된 도로지만 산불 화재 시 산불확산을 저지하는 방화선 역할도 한다.

제방도로 : 제방 위의 유휴지(공한지)를 활용해 만든 도로

측면도로 : 출입제한 도로 및 우선 도로에 인접해 평행하게 만들어진 도로

농어촌도로 : 군 또는 도농복합시의 읍, 면 지역에서 주민의 교통 편익과 생산, 유통활동 등에 공용으로 사용되는 소규모 도로

농어촌도로의 종류는 다음과 같다.

1. 면도 : 군도, 시도, 지방도, 광역시도, 국도에 연결되는 읍(면) 또는 면(면) 지역 간 기간도로(基幹道路)
2. 농도 : 밭, 논, 과수원, 경작지, 벌목지, 저수지, 어항, 농공단지, 창고 등과 연결되어 농어민의 생산 활동에 직접 쓰이는 도로

이면도로 : 차도와 보도의 구분이 없는 좁은 도로, 생활도로, 골목으로 부르기도 한다. 보행자와 자동차가 함께 쓰는 도로

사도(私道) 개설 : 사도는 다음 어느 하나의 도로가 아닌 것으로서 그 도로에 연

결되는 길을 말한다.

1. '도로법'에 따른 도로

2. '도로법'의 준용을 받는 도로

3. '농어촌도로정비법'에 따른 농어촌도로

4. '농어촌정비법'에 따라 설치된 도로

사도개설자는 사도를 관리하지만 일반인 통행을 제한하거나 금지할 수 없다.

052

수변구역의 범위

수변구역은 금강수계, 낙동강수계, 영산강·섬진강수계, 한강수계의 수질 보전을 위해 상수원으로 이용되는 댐과 그 상류지역 중 일정 지역에 대해 환경부 장관이 지정·고시한 구역을 말한다.

오염원 입지를 억제하고자 도입된 규제제도로, 수계별 지정대상지역은 다음과 같다.

1. 금강수계

(1) 상수원으로 이용되는 댐과 특별대책지역의 금강 본류인 경우에는 해당 댐과 하천의 경계로부터 1km 이내의 지역

(2) 상기 외의 지역으로서 금강 본류인 경우에는 해당 하천의 경계로부터 500m 이내의 지역

(3) 금강 본류에 직접 유입되는 하천일 때 그 하천의 경계로부터 300m 이내의 지역

2. 낙동강수계

해당 댐으로부터 하천, 호소 또는 이에 준하는 수역의 중심선을 따라 물이 흘러오는 방향으로 잰 거리(유하거리)가 다음의 거리 이내에 있는 지역으로서

댐 및 그 댐으로 유입되는 하천의 경계로부터 500m 이내의 지역

(1) 저수를 광역상수원으로 이용하는 댐의 경우 – 댐으로부터 20km

(2) 저수를 지방상수도로 이용하는 댐의 경우 – 댐으로부터 10km

3. 영산강·섬진강수계

(1) 주암호, 동복호, 상사호, 수어호 및 장흥댐의 경계로부터 500m 이내의 지역으로서 필요하다고 인정하는 지역

(2) 위 상류지역 중 해당 댐으로 유입되는 하천의 경계로부터 500m 이내의 지역으로서 필요하다고 인정하는 지역

(3) 위 하천에 직접 유입되는 지류의 경계로부터 500m 이내의 지역으로서 필요하다고 인정하는 지역

4. 한강수계

팔당호, 한강, 북한강 및 경안천의 양안 중 다음 각 호에 해당되는 지역

(1) 특별대책지역 : 하천, 호소의 경계로부터 1km 이내의 지역

(2) 특별대책지역 외의 지역 : 하천, 호소의 경계로부터 500m 이내의 지역

다만 다음에 해당하는 지역은 해당 수계 여건을 고려해 수변구역에서 제외된다.
중첩규제로 인한 해당 지역주민들의 피해를 줄이기 위해서다.

1. 상수원보호구역

2. 개발제한구역

3. 군사기지 및 군사시설보호구역

4. 하수처리구역

5. 도시지역

6. 지구단위계획구역(주거형)

7. 자연취락지구

출처 : 저자 제공

053

내 땅 주변 교육시설의
보호가치와 존재가치

지역 랜드마크를 통해 주변 가치를 견지할 수 있는데, 그 내용이 매우 중요하다.

내 땅 주변의 교육시설의 윤곽이 곧 내 땅의 미래의 잠재력과 연동하기 때문이다. 초중등학교의 존재가치와 대학교의 존재가치는 하늘과 땅만큼 다르다. '교육환경보호'에 초점을 맞추어진 상황은 분명코 개발의 규제로 볼 수가 있다.

교육환경보호구역으로 지정된 지경이라면 '규제'와 '통제' 사이에 갇힌 것이다.

교육환경보호구역 : 학교의 보건, 위생, 학습 환경을 보호하기 위해 설정한 구역으로 2017년 2월 '교육환경보호에 관한 법률'이 제정, 시행되면서 기존의 '학교환경위생정화구역'에서 변경된 명칭이다.

교육감은 학교 경계 또는 학교설립예정지 경계로부터 직선거리 200m 범위 안의 지역을 다음의 분류에 의해 교육환경보호구역으로 설정, 고시해야 한다.

1. 절대보호구역 : 학교출입문으로부터 직선거리로 50m까지인 지역(학교설립예정지의 경우 학교 경계로부터 직선거리로 50m인 지역)

2. 상대보호구역 : 학교경계 등으로부터 직선거리로 200m까지인 지역 중 절대보호구역을 제외한 지역(규제수위 및 정도가 절대보호구역보다 낮다)

다만 다음의 경우에는 그 효력(규제범위)을 상실한다.

1. 학교가 폐교 또는 이전하게 된 때
2. 학교 설립예정지에 대한 도시·군 관리계획 결정의 효력이 상실된 때
3. 유치원이나 특수학교, 대안학교의 설립계획이 취소되었거나 설립인가가 취소된 때

그린푸드 존(Green Food Zone)

학교와 학교 주변 200m 안에서 어린이 건강을 해치는 건강저해식품과 불량식품 판매를 금지하는 제도로서 어린이 식품안전보호구역이라고도 한다.

학교(초중고교) 매점과 학교 주변 200m 이내의 통학로에 있는 문방구, 슈퍼마켓 등에서 건강저해식품, 부정불량식품, 유해첨가물식품 등의 판매를 금지하는 제도다.

그린푸드 존은 어린이 식생활 안전관리특별법에 따라 시행하는 제도로, 제2항 제5조에 그 내용이 명시되어 있다. 시장, 군수, 구청장은 안전하고 위생적인 식품판매 환경 조성을 위해 학교와 해당 학교의 경계선으로부터 직선거리 200m 범위 안의 구역을 어린이 식품안전보호구역(그린푸드 존)으로 지정해 관리할 수 있다고 되어 있다.

054

고수가 원하는 지역 랜드마크와
하수가 찾는 지역 랜드마크

고수와 하수의 차이는 노하우의 차이로 점철된다.

이를테면 고수는 지역 랜드마크(주변세력)를 인구의 다변화를 통해 그 가치를 견지하고자 노력하나, 하수는 '물건'에만 집착한다. 부동산 고유의 권력인 잠재가치를 무시한 처사다. 즉, 아파트, 연립주택 등 주거시설만 증가해도 환호한다. 평소 용적률에 집착하던 오랜 습관 때문이다.

그에 반해 고수는 공실률을 통해 실질적인 가치에 집중한다.

실수할 확률이 낮은 이유다. 현장답사 과정 중에서도 고수와 하수의 습관 차이가 여실히 나타난다. 현장에서 할 일은 역시 랜드마크를 표시하는 것이다. 가슴 속에 스스로 명기한다. 예를 들어 교육시설을 통해서도 가능하다. 고수는 대학교를 찾지만, 하수는 초등학교를 보고도 감탄한다. 아이가 미래의 잠재동력이라면서 말이다. 주변개발가치를 본다면 초등학교 자체가 규제인데 말이다. 어린이보호구역은 개발에 제약이 많기 때문이다.

내 땅 주변의 초등학교와 대학교의 가치가 판이한 건, 인구상태가 다르기 때문이다. 미성년자는 절대적으로 보호와 보호자가 필요하다. 마치 미완성물인 맹지가 보호자(지주)의 보호, 관찰이 필요하듯 미성년자는 절대적인 보호조치가 필요한 것이다.

지역 랜드마크의 기준은 다양하다. 내 땅 주변의 혐오 및 기피시설물이 들어올 예정이라면 비상이다. 기피시설물은 인구유입을 절대적으로 막는 장애물이다. 기존의 주변 인구마저 유출되는 사태까지 일어난다.

어떤 고수는 '물과 산'을 랜드마크로 인정하고 있다. 고수 중에 고수다. 하수는 토지이용계획확인원을 통해 물과 산과 관련된 규제(예 : 수변구역과 보전산지)를 온통 무시하려 들지만, 고수는 물리적으로 물의 깊이와 산의 높이 등을 통해 규제수위를 스스로 판단, 체크한다.

고수와 하수의 경쟁은 실전과 이론 싸움이다.

군사시설도 마찬가지다. 군부대 관련 규제수위도 상황에 따라 다르다. 가령 군부대협의지역이라면 민통선으로서 규제수위가 높지만, 행정위탁구역의 경우는 다르다. 군부대와의 협의 없이 지자체를 통해 개인적인 개발(인허가 과정)이 가능하다.

이처럼 개발가치는 보호가치(규제와 통제 사이)와 항시 연동한다. 투자자가 반드시 규제 정도를 파악해야 하는 이유다. 오해하면 규제로 인해 진보할 수가 없다.

결국, 잘된 토지 투자란 제대로 규제 공부를 한 상태에서 발현하는 법. 투자란 어차피 최고와 최대의 수익창출이니까 말이다. 최소비용으로 모두(투자자든, 시행자든) 출발한다. 규제의 물건에 관심을 두게 될 수밖에 없는 것이다. 규제를 완화하든 해제하든 둘 중 하나에 목숨을 거는 것이다. 그것이 진정한 투자인 것이다.

규제를 두려움의 대상, 공포의 대상으로 여기는 일부 하수들은 토지 투자가 힘들다.

규제 공부 방법을 전혀 모르고 관심도 아예 둘 생각이 없기 때문이다.

055

녹지, 농지, 맹지, 산지를
허투루 보지 말아야 하는 이유

긴 것과 짧은 것은 원래 하나였다. 인간 손에 의해 애써 분류가 된 것이다. 큰 땅과 작은 땅 역시 하나였다. 인간 손에 의해 분할된 것이다. 완성도 높은 부동산과 낮은 부동산 역시 원래 하나였지만 인간 손에 의해 분기가 된 것이다.

즉, 부동산과 관련된 모든 분류의 과정은 인간의 세세한 분석과정으로부터 발현한 것이다.

분석능력이 투철하다면 새로운 발견이 가능하다. 발견의 쾌감을 만끽할 수가 있다. 예컨대 녹지, 농지, 맹지, 산지를 통해 부동산 고유의 특성을 재발견할 수 있다.

부동산이 발전, 개발하는 계기다.

즉, 완성도 낮은 부동산이 곧 변화의 재료인 셈이다. 개발의 바탕화면이다.

녹지 : 용도의 가치의 보증수표로서 자연녹지지역, 보전녹지지역, 생산녹지지역으로 분기(인간 손에 의해 분기됨)

농지 : 지목의 가치는 전, 답, 과수원, 목장용지를 통해 감지가 가능하다.

맹지 : 도로의 가치는 법정도로와 비법정도로의 분기 과정을 통해 감지가 가능하다.

산지(임야) : 지목 중 가장 광대하다. 전 국토의 63%를 차지하나, 갈수록 작아

출처 : 저자 제공

지고 있다. 난개발에 주의해야 한다. 궁극적으로 난개발은 미분양아파트와 연계되기 때문이다.

녹지, 농지, 맹지, 산지의 공통점

전 국토에서 존재가치가 가장 높다는 것이 공통점이다. 그 분포도가 광대하기 때문이다. 토지 마니아 입장에서 제일 찾기 쉬운 땅들이다. 완성도가 낮기 때문이다.

입지가 생명이다. 입지가 낮은 상태에서의 완성도가 낮은 땅이라면 그 땅은 정말 쓸모가 없는 땅이기 때문이다. 사멸되어 마땅하다. 첩첩산중은 인간의 접근금지공간이다.

녹지의 지상과제, 용도변경

맹지의 지상과제, 도로개설

농지 및 산지의 지상과제, 전용과정

대지, 상업지역, 국도 등 완성도 높은 부동산에만 집착하는 건 지양되어야 할 모든 투자자의 정신자세다. 이는 기회의 땅을 놓칠 수 있는 상황이다.

완성도 높은 땅들은 한두 차례 기회의 경험을 거친 지경이다. 그렇기 때문에 잠재성보다 실용성이 더 높다. 대지와 농지로의 접근은 마치 서울 강남구와 경기도 화성시 향남읍 일대 접근하는 것과 매일반이다. 실용성과 잠재성의 차이 때문이다. 화성의 잠재력이 훨씬 높다.

사람과 땅의 공통점

존재하는 동안 기회가 찾아온다. 기회를 찾을 수 있다.

기회는 기대의 다른 말이다.

기회는 투자를 함부로 포기하지 않는 힘이다.

사람과 땅의 다른 점

사람은 사멸(사망)의 대상이지만 땅은 영원불멸하다는 것이다.

도로(기준) 하나에 가치가 두 가지로 대별된다. 도로 하나로 용도지역이 분기된다. 도시지역과 비도시지역으로 말이다. 도로는 기반시설. 부동산 가치와 인구 가치, 그리고 지역가치를 분별하는 힘이다. 한강다리 하나에 의해 가치가 두 가지로 분화된다(강남과 강북). 이때 다리가 기반시설(가치의 기준)인 셈이다.

도로가 새로 뚫리면서 가치가 2개로 분류되고 분할(최초의 땅 개발과정)을 통해
가치가 두 가지로 분류된다(예 : 맹지 + 대지).

농지, 녹지, 맹지 등을 허투루 보는 자, 하수
상기 완성도 낮은 땅을 재차 확인할 수 있는 자, 고수

056

투자 선도지구와
국토균형발전

　나라님도 함부로 손댈 수 없는 영역이 바로 국토균형발전확립과 부동산 거품 잡는 것이다. 투자의 영역 역시 함부로 손댈 수 없는 지경이다.

　'선도(先導) + 선도(善導)'가 필요하다. 선정과 선점 중 후자를 선택해야 투자에 대해 후회하지 않을 것이다. 투자는 타이밍이다.

투자 선도지구 : 지역의 성장거점으로 육성하고 특별히 민간 투자를 활성화하기 위해 '지역개발 및 지원에 관한 법률'에 따라 지정, 고시된 지구다.

국토교통부 장관이 중앙행정기관의 장 또는 시·도지사의 신청을 받아 지역의 성장거점으로 육성하거나 특별히 민간 투자를 활성화할 필요가 있는 지역에 대해 다음의 사항을 고려해 지정, 변경 또는 해제할 수 있다. 이 경우 지역개발 사업구역이 지정, 변경 또는 해제된 것으로 본다.

1. 광역교통망 등 기반시설이 충분히 확보되어 있거나 확보될 수 있을 것
2. 지역특화산업, 문화관광 등의 분야에서 성장잠재력이 양호할 것
3. 총투자금액이 1,000억 원 이상이거나 300명 이상의 신규 고용창출이 가능할 것
4. 성장거점으로의 육성 또는 민간 투자 활성화가 쉬운 지역으로서 다음의 기

준을 충족할 것

(1) 지역경제의 성장 동력을 창출할 수 있고, 인근지역에 미치는 파급효과가 클 것으로 예상되는 지역일 것

(2) 지역생활권의 거점으로 개발이 필요한 지역일 것

(3) 민간 투자의 실현가능성이 있는 지역일 것

투자 선도지구에 대해서는 관계법령에서 다양한 특례를 인정하고 있다.

국토교통부 장관은 건폐율, 용적률 제한을 완화할 수 있으며, 그 일부를 특별건축구역으로 지정하고 민간 투자자 및 민관합동법인인 시행자가 건축물을 특별건축구역에서 건축할 수 있는 건축물에 포함시킬 수 있다.

투자 선도지구 내의 시행자는 입주기업 또는 새로 설립된 교육, 의료기관이 그 종사자용 주택을 건설하려는 경우에는 조성 토지 및 주택을 우선 공급할 수 있다.

국가와 지방자치단체는 투자 선도지구에 입주하는 기업에 직업능력개발훈련 비용을 우선 지원할 수 있으며, 문화체육관광부 장관은 지방자치단체 또는 시행자에게 관광진흥개발기금을 대여하거나 보조할 수 있다.

투자 선도지구로 지정되면 건폐율, 용적률 완화 등 각종 규제특례, 세제감면, 재정지원 등의 혜택이 주어진다. 국토교통부는 2015년 처음으로 투자 선도지구 시범지구로 거점육성형인 강원 원주시 남원주역세권개발, 울산 울주군 에너지융합 산업단지 등 2곳, 발전촉진형인 전북 순창군 한국전통 발효문화산업, 경북 영천시 미래형 첨단복합도시 등 2곳 등 총 4곳을 선정한 바 있다.

057

택지개발과
도시교통정비지역 지정

택지는 주택은 물론, 상업 및 업무, 공업시설 등을 활용할 수 있는 모토다. 용도의 개발이 다양하게 분출되기 때문에 택지개발은 대한민국 국토 변화의 상징으로 점철된다.

택지개발지구와 택지개발예정지구의 차이점

택지개발지구 : 택지개발사업을 시행하기 위해 도시지역과 그 주변지역 중 국토교통부 장관 또는 특별시장, 도지사, 특별자치도지사가 지정·고시하는 지구다. 택지개발지구로 지정하기 위해서는 주민들의 의견청취를 위한 공고가 있는 지역 및 지구로 지정된 곳에서 건축물의 건축, 공작물의 설치, 토지의 형질변경, 토석 채취, 토지 분할, 물건 적체행위가 금지된다.

택지개발예정지구 : 택지개발사업을 시행하기 위해 국토교통부 장관 또는 시·도지사가 지정 및 고시할 수 있다.
지난 1980년 말 제정된 '택지개발촉진법'에 따라 1981년 4월 경기도 성남 하대원지구와 수원 매탄지구가 처음으로 지정됐다.
택지개발지구는 대한주택공사와 한국토지 공사를 2009년 통합한 한국토지 주택공사, 지방자치단체 등 공공기관에서 도로, 상하수도 등 기반시설을 갖춘 주택용지를 조성해, 건설사나 일반인들에게 분양하도록 하고 있다. 기반시설이 이미 조성되어 있어 민간택지보다 주택건설 시 훨씬 유리하다.

대한민국 택지개발지구의 현황을 보면 여전히 수도권에 집중되어 있다.

수도권 : 남양뉴타운(화성시), 인천경제자유구역(청라+송도+영종국제도시), 송산그린시티(화성시), 양원지구(서울 중랑구 일대), 판교테크노밸리(성남시)
강원권 : 원주기업도시
호서권 : 충주기업도시, 태안기업도시, 행정중심복합도시
영남권 : 경북드림밸리
호남권 : 영암, 해남기업도시
제주권 : 강정 택지개발지구

택지개발의 목적 : 본래 주거 가능한 지역이 아니거나 낙후된 토지를 활용해 주거생활이 가능한 택지를 조성한다. 주택난을 해결하기 위해서다. 오지가 주거지로 재탄생해 무에서 유를 창조하는 과정이 곧 택지개발이다. 택지개발과정은 기회의 땅을 만날 수 있는 최고의 호기다.

(범례)

분당신도시 : 택지개발촉진법에 따른 택지개발사업
송산그린시티 : 산업입지 및 개발에 관한 법률에 따른 산업단지개발사업
수원 호매실지구 : 공공주택건설 등에 관한 특별법에 따른 공공주택지구 조성사업

남양뉴타운 : 도시개발법에 따른 도시개발사업

인천경제자유구역 : 경제자유구역의 지정 및 운영에 관한 특별법에 따른 경제자유구역개발사업

행정중심복합도시 : 충청남도 연기 – 공주지역 행정중심복합도시 건설을 위한 특별법에 따른 행정중심복합도시 건설사업

원주기업도시 : 민간개발에 의해 진행되는 산업 중심의 자족형태 복합도시개발사업

도시교통정비지역 : 도시교통의 원활한 소통과 교통 편의를 증진하기 위해 인구 10만 명 이상인 도시 가운데 교통개선이 필요하다고 인정되는 지역을 대상으로, '도시교통정비 촉진법'에 따라 국토교통부 장관이 지정하는 지역이다.

수도권을 대표하는 공업도시인 안산시 일대에 집중적으로 분포되어 있다.

058

관광특구의
지정 요건

    관광특구는 관광진흥법 제1장 제2조 11에 의해 지정된 지역으로, 2023년 4월 기준 13개 시도에 34개 관광특구가 지정되어 있다.

    1993년 외국인 관광객 유치 촉진을 위해 관광진흥법을 도입해 1984년 8월 제주도, 경주시, 설악, 유성, 해운대 등 5곳이 최초로 지정되었다.

    지정 요건은 다음과 같다.

1. 외국인 관광객 수가 10만 명(서울특별시는 50만 명) 이상
2. 문화체육관광부령으로 정하는 바에 따라 관광안내시설, 공공편익시설 및 숙박시설 등이 갖추어져 외국인 관광객의 관광수요를 충족시킬 수 있는 지역
3. 임야, 농지, 택지, 공업지 등 관광활동과 직접적인 관련이 없는 토지 비율이 10%를 초과하지 않을 것

    요컨대 관광객들이 많이 방문하고 토지가 모두 관광을 목적으로 하는 시설로만 채워져 있는 지역들이 관광특구로 지정되기에 적합한 것이다. 관광을 굴뚝 없는 산업이라고 부르는 데에는 이유가 있다. 이의가 없다. 대도시가 아닌 대자연의 가치를 승화할 수 있는 기틀이 조성되어 있기 때문이다.

물과 몰(Mall)을 통해서 가능하다. 물은 자연의 가치를 대변하고 몰은 편익성과 직결된다.

온천원보호지구와 온천공보호구역의 차이점

온천원보호지구 : 온천개발계획이 승인된 경우에 온천개발계획예정지역의 경계로부터 1km 이내의 지역을 대상으로 온천원 보호를 위해 시·도지사가 '온천법'에 따라 지정·고시한 지구

온천공보호구역 : 온천이 발견된 지역 중 3만㎡ 미만의 소규모 온천개발이 필요하다고 인정하는 지역에 대해 특별자치도지사, 시장, 군수, 구청장이 '온천법'에 따라 지정·고시한 구역

수도권과 비수도권의 지역 장점이 결합한 관광특구가 인기 있는 것은 대한민국 고유의 특징 때문이다.

대한민국에는 장기불황 속에서도 경기 타격을 전혀 받지 않는 두 가지가 있다. 교육문화와 관광문화다.

예컨대 경기도 가평군과 강원특별자치도 춘천시가 오랜 기간 추진해온 '북한강 수변관광특구지정(춘천 남이섬 + 가평 자라섬 일대)'은 지역 숙원사업 중 하나다.

관광특구로 지정되면 관련 국비예산 지원은 물론, 차 없는 거리 조성이 가능해 음식점 영업시간과 옥외광고물 허가기준 등 제한사항이 완화되어 더 많은 관광수요를 유치할 수 있다. 공원, 보행로 등에서의 공연, 푸드 트럭 운영도 허용된다.

059

초지전용의 요건

초지전용은 초지의 형질을 변경하거나 초지의 이용에 장해가 되는 시설 또는 구조물을 설치하는 등으로 초지를 초지 외의 목적으로 사용하는 것을 말한다.

초지 조성이 완료된 날부터 25년이 경과된 초지를 전용하고자 하는 경우에는 시장, 군수, 구청장에게 신고해야 한다.

'축산법'에 의한 가축을 기르기 위한 축사의 용지로 사용하고자 하는 경우에는 초지전용허가를 받지 않거나, 신고하지 않는다. 초지전용이 가능한 초지전용은 다음에 해당하는 경우만 허용된다.

1. 중요산업시설, 공익시설, 주거시설, 관광시설 용지로 전용하는 경우
2. 농업인이 건축하는 주택용지로 전용하는 경우
3. 농수산물의 처리, 가공, 보관시설, 농수산시설의 용지로 전용하는 경우
4. 농작물 재배용지로 전용하는 경우(과수용지 이외의 용지로 전용하는 경우에는 경사도 15도 이내의 초지에 한함)
5. 제주투자진흥지구로 지정하기 위해 전용하는 경우
6. 경제자유구역으로 지정하기 위해 전용하는 경우
7. 지역특화발전특구로 지정하기 위해 전용하는 경우
8. 중소기업창업을 위해 지정하기 위해 전용하는 경우

지역특화발전특구

'지역특화발전특구에 관한 규제특례법'에 따라 지정·고시된 지역이다. 지방자치단체가 지역 특성에 맞는 특화사업계획을 독자적으로 수립하고, 중앙정부가 여기에 선택적인 규제특례를 적용해 특화사업을 제도적으로 뒷받침하는 제도로 지난 2004년 9월부터 시행되고 있다.

초지

'초지법'에 의한 초지는 다년생 개량목초의 재배에 이용되는 토지 및 사료작물재배지와 목도, 진입도로, 축사 및 부대시설을 위한 토지를 말한다.
부대시설은 가축사육을 위한 사무실, 창고, 사료저장고, 급수시설, 가축분뇨처리시설, 그늘막, 말 관련 시설을 말한다.

060

하천점용의 범위

'하천법'에서는 하천구역 안에서 이루어지는 다음의 행위를 하천점용으로 규정하고 있다.

1. 토지의 점용
2. 하천시설의 점용
3. 공작물의 신축, 개축, 변경
4. 토지의 굴착, 성토, 절토, 그 밖의 형질변경
5. 토석, 모래, 자갈의 채취
6. 죽목, 갈대, 목초, 수초 등을 채취하는 행위
7. 식물을 식재하는 행위
8. 선박을 운항하는 행위
9. 스케이트장, 유선장, 도선장, 계류장을 설치하는 행위
10. '수상레저안전법'에 따른 수상레저기구를 이용한 수상레저사업 목적의 물 놀이행위
11. 하천관리청이 아닌 자가 하천을 점용하는 물건에 새로 하천 보전에 영향을 미칠 수 있는 물건을 추가하는 행위

다음에 해당하는 행위를 하는 하천점용은 금지된다.

1. 맹독성, 고독성 농약, 중금속의 위해성 기준을 초과하는 비료 등을 사용해 농작물을 경작하는 행위
2. 골재채취 등 하천 및 하천시설을 훼손하거나 훼손할 우려가 있는 행위
3. 가축을 방목하거나 사육하는 행위
4. 콘크리트 등의 재료를 사용해 고정구조물을 설치하는 행위
5. 하천의 비탈과 바닥을 훼손할 우려가 있는 죽목, 갈대, 수초 등의 식물을 채취하는 행위 등 그 밖에 하천 보전 및 관리에 지장을 주는 행위

하천점용은 하천점용허가의 유효기간 범위 내로 하며, 필요시 점용허가의 유효기간을 단축하거나 연장할 수 있다.

※ 하천의 정의 : 육지 표면에서 대체로 일정한 유로를 가지는 유수의 계통을 말한다.

1. 국가하천 : 국토 보전상 또는 국민 경제상 중요한 하천으로서 국토교통부 장관이 '하천법'에 따라 그 명칭과 구간을 지정하는 하천을 말한다.
2. 지방하천 : 지방의 공공이해와 밀접한 관계가 있는 하천으로서 시·도지사가 '하천법'에 따라 그 명칭과 구간을 지정하는 하천을 말한다.

'도시·군 계획시설의 결정·구조 및 설치기준에 관한 규칙'에 의한 하천은 '하천법'에 따른 국가하천, 지방하천, 하천시설 중 '소하천정비법'에 의한 소하천을 말한다.

토지는
모든 지상물의 원자재다

061

도로점용과
도로구역

도로점용은 도로(도로구역 포함)에서 공작물이나 물건, 그 밖의 시설을 신설, 개축, 변경, 제거 등 도로의 보전·관리에 장애가 될 수 있는 행위를 말한다. 도로점용을 하려면 관리청의 허가를 받아야 한다.

주요 지하매설물을 설치하는 공사를 마친 때는 준공도면을 관리청에 제출해야 한다. 신설 또는 개축한 도로로서 포장된 도로의 노면에 대해서는 그 신설 또는 개축한 날부터 3년 내에는 도로굴착을 수반하는 점용허가가 금지된다.

도로 점용허가를 받을 수 있는 공작물, 물건 그 밖의 시설 종류는 다음과 같다.

1. 전주, 전선, 변압탑, 공중선, 가로등, 지중배전용기기함, 우체통, 공중전화, 무선전화기지국, 종합유선방송용 단자함, 교통량검지기, 주차측정기, 풍력발전시설, 소화전, 모래함, 송전탑, 그 밖에 이와 유사한 것
2. 수도관, 하수도관, 가스관, 송유관, 전기관, 전기통신관, 송열관, 농업용수관, 통신구, 공동구, 배수시설, 그 밖에 이와 유사한 것
3. 주유소, 주차장, 여객자동차터미널, 화물터미널, 승강대, 휴게소, 화물적치장, 그 밖에 이와 유시한 것과 이를 위한 진출입로

4. 철도, 궤도, 그 밖에 이와 유사한 것

5. 지하상가, 지하실, 통로, 육교, 그 밖에 이와 유사한 것

6. 간판, 표지, 깃대, 자동판매기, 현금자동입출금기, 그 밖에 유사한 것

7. 공사용 판자벽, 발판, 대기소 등의 공사용시설 및 자재

8. 고가도로의 노면 밑에 설치하는 사무소, 점포, 창고, 주차장, 광장, 공원, 체육시설, 그 밖에 이와 유사한 시설

'도로법'에 의한 주요 지하매설물은 다음과 같다.

가스공급시설, 송유관, 광역상수도와 지방상수도 및 공업용수도 중 관로시설, 고압가스를 수송하는 배관, 위험물을 수송하는 배관, 유독물을 수송하는 배관, 도시철도 중 지하에 설치한 시설, 공급시설 중 열수송관

도로구역은 도로 노선이 지정되거나 도로 노선의 인정 또는 변경 공고가 된 경우 도로관리청이 '도로법'에 따라 결정·고시한 구역을 말한다.

합리적인 토지 이용 촉진을 위해 지상이나 지하공간에 대해 상하의 범위를 정한 구역으로 도로구역을 정할 수 있으며 이를 입체적 도로구역이라 한다.

입체적 도로구역은 도로관리청과 토지 소유자 등이 협의해 지상 또는 지하공간의 일정한 범위를 도로구역으로 정할 수 있도록 하는 제도다.

062

좋은 역세권과
나쁜 역세권 구별 방법

초보자가 역세권을 투자하고도 실패를 하소연하는 것은 핵심발견에 실패했기 때문이다. 실패가 실패를 부른다.

역세권의 핵심사안 : 거리

거리(m) 〈 화젯거리(지역 랜드마크 모색)

초역세권의 기준은 단순한 거리(m)가 아니라 랜드마크를 제대로 모색하는 것이다.

아무리 가까워도 랜드마크가 전무한 지경이라면, 그 공간 일대를 식물역세권으로 볼 수밖에 없다. 사용자가 많지 않기 때문이다. 사용가치가 추락하면 가치를 인정받지 못한다.

좋은 역세권과 나쁜 역세권을 구별하는 방법

역사 주변 공실률↓ 용적률↑ – 좋은 역세권

→ 주변이 대규모 아파트단지로 구성

역사 주변 공실률↑ 용적률↓ – 나쁜 역세권

→ 지역 슬럼화가 우려되는 지경

나쁜 역세권의 성질은 거품가격과 매우 흡사하다. 사람들은 거품을 인식하는 순간 그곳에 절대로 가지 않는다.

역세권 랜드마크의 분류

숲세권 : 녹지공간을 십분 활용한다. 대자연의 가치가 랜드마크인 셈이다.

학세권 : 학군을 내세워 가치를 극대화한다.

몰(Mall)세권 : 편익공간을 십분 활용한다. 대도시의 가치가 랜드마크인 셈이다.

반세권 : 높은 고용률을 내세워 가치를 극화시킨다. 대기업이 입성하는 반도체 1번지를 가치의 도구로 사용 중이다(예 : 용인 처인구 일부 지역).

물세권 : 몰세권의 반대 개념. 물(대자연)의 가치를 극대화한다. 조망권이 랜드마크다.

공공성이 강한 직접역세권과 개별성이 강한 간접역세권의 성격을 제대로 파악하는 방법이 있다. 실수요 및 투자 가치를 통해 통감할 수 있다. 간접역세권이 투자의 공간이 될 수 있다.

그 이유는 분명하다. 실수요가치는 투자 가치를 분만한다. 직접역세권의 성격과 실수요공간의 성격은 거의 비슷하다. 고로 직접역세권이 간접역세권을 분만하기 마련이다. 성공한 직접역세권 주변을 보라. 간접역세권도 출중하다. 매력 있다. 간접역세권 일대에 투자자가 즐비하다. 이를테면 환승역세권인 강남역세권의 경우 직접역세권과 간접역세권을 애써 구분하는 건 아무런 의미가 없다. 직접역세권의 힘이 워낙 강해서다.

실수요가치가 낮으면 투자 가치가 낮아지듯(순리다) 직접역세권의 힘이 악화하면 간접역세권의 미래도 악화일로를 달릴 것이 빤하다.

실수요가치의 기준 : 인구의 질적 양적가치의 조화와 조합(궁합)을 통해 통감할 수 있다. 인구의 다양성이 주목 대상이다.
직접역세권의 기능 : 인구의 다양성이 역시 중요하다. 역세권 사용자가 감소하면 그 기능에 문제가 생긴다. 사용가치가 사라진다. 존재가치가 사라진다. 사람이 사라진다. 사람들 대부분이 몸을 사린다.

요컨대 역세권의 힘은 '랜드마크의 조기발견'이다. 역시 타이밍이 중요하다.
발견이 쉽지 않은 곳에서 시간낭비 하지 마라. 역세권 개발은 1, 2차 모두 굼뜨기 때문이다. 티스푼 공사 일색이다. 식물역세권의 특징은 랜드마크가 전무해서 미래가치가 낮다는 것이다.

식물역세권의 기준 : 사용가치를 통해 가치를 가늠할 수 있다.
사용자(하루 사용량 체크)를 조사하라.

서울의 경우 역세권 가치가 모두 높지만, 경기도 일대에서는 식물역세권이 아직도 기승을 부리고 있다. 역세권은 주거인구도 중요하나, 유동인구도 무시할 수 없다. 주거인구가 줄고 있는 서울은 유동인구는 증가하고 있다. 경기도는 주거인구가 늘고 있지만, 유동인구는 여전히 서울에 뒤진다. 역 사용자의 차이가 크다.

063

공장설립승인지역과 공장설립제한지역

공부상(公簿) 공장설립승인지역이나 공장설립제한지역으로 명기되어 있다면 허가 및 체크 대상이다. 토지 이용의 과정에서는 사용자는 반드시 주변 물 환경을 보호할 의무가 있기 때문이다. 물의 생명력은 해당 지역주민들의 생명과 직결된다.

따라서 이 규제는 '규제'가 아닌 지역생명을 지키는 수호신인 셈이다.

자연보전권역 안의 공장설립승인지역(제한지역)과 과밀억제권역 안에서의 공장설립승인지역(제한지역)은 그 성격이 판이하다. 지정위치와 시기, 그리고 지역성격의 차이가 있다.

(예)

잠실역 일대 : 공장설립제한지역(2016. 11. 28) '수도법'

경기도 광주시 도척면 일대 : 공장설립승인지역

오금역 일대 : 공장설립승인지역(2016. 11. 28)

천호역 일대 : 공장설립제한지역

공장설립제한지역 안에서 상수원에 미치는 영향을 고려해 일정한 공장의 설립을 승인할 수 있는데 이를 공장설립승인지역이라 한다.

제한지역 안에서 공장설립이 승인되는 지역과 대상공장이 있다.

1. 취수시설로부터 상류로 유하거리 7km를 초과하는 지역
   (1) 하수처리구역에 설립되는 공장으로서 발생되는 오수를 전량 공공하수처
       리시설로 유입, 처리하는 공장
   (2) 취수시설의 취수방법이 강변여과수인 지역에 설립되는 공장
   (3) 1일 오수발생량이 10㎥ 미만인 공장

2. 취수시설로부터 상류로 유하거리 4km 초과 7km 이내인 지역으로서 하천,
   호소의 경계로부터 500m 이내 지역을 제외한 지역
   제조업 공장으로서 다음의 요건을 갖춘 공장
   (1) 유독물질, 제한물질, 금지물질을 사용 및 발생시키지 않는 공장
   (2) 배출시설의 설치허가 또는 설치신고 대상이 아닌 공장
   (3) 사용연료가 전기 또는 가스인 공장
   (4) 공장건축물의 바닥면적 합계가 500㎡ 미만인 공장
   (5) 공장설립지역에 6개월 이상 실제 거주한 주민이 설립, 운영하는 공장

공장설립제한지역은 상수원보호구역의 상류지역이나 취수시설의 상·하류 일정지역에서 공장을 설립할 수 없도록 제한하는 지역을 말한다.

공장입지는 상수원보호구역 안에서는 물론, 상수원보호구역 밖에서도 제한되고 있다.

'수도법'은 다음과 같은 지역을 공장설립제한지역으로 정하고 있다.

1. 상수원보호구역의 지정·공고된 경우

취수시설의 용량이 1일 20만㎥ 미만인 경우 : 상수원보호구역의 경계구역으로부터 상류로 유하거리(流下距離) 10km 이내인 경우

2. 상수원보호구역이 지정·공고되지 않은 경우 : 취수시설로부터 상류로 유하거리 15km 이내인 지역 및 하류로 유하거리 1km 이내인 지역

3. 지하수를 원수로 취수하는 경우에는 취수시설로부터 1km 이내인 지역

※ 상수원보호구역 : 상수원 확보 및 수질보전을 위해 도입된 제도로서 '수도법'에 의한 상수원보호구역과 금강, 낙동강, 영산강, 섬진강 수계 물 관리 관계 법령에 의한 상수원보호구역으로 구분된다.

상류지역이나 취수시설의 상류 하류 지역에서는 공장설립이 제한된다. 다만, 건축물의 신축, 증축, 개축, 재축, 이전, 변경 등으로서 일정 요건을 충족하는 경우는 특별자치도지사, 시장, 군수, 구청장의 허가 또는 신고를 받아 할 수 있다.

상수원 : '수도법'에 의한 상수원은 음용, 공업용 등으로 제공하기 위해 취수시설을 설치한 지역의 하천, 호소, 지하수, 해수 등을 말한다.

1. 하천수 : 하천이나 계곡에 흐르는 물

2. 복류수 : 하천, 호소나 이에 준하는 수역의 바닥면 아래나 옆면의 사력층 속을 흐르는 물

3. 호소수 : 하천이나 계곡에 흐르는 물을 댐이나 제방 등을 쌓아 가두어 놓은 물로서 만수위구역의 물(자연적으로 형성된 호소의 물 포함)

4. 지하수 : 지표 아래에서 흐르는 물로서 복류수를 제외한 물(표층지하수와 심층지하수가 있다)

5. 해수 : 해역에 존재하는 해수와 해수가 침투해 지하에 존재하는 물

6. 강변여과수 : 하천, 호소 또는 그 인근 지역의 모래자갈층을 통과한 물

집수구역
빗물이 자연적으로 상수원, 공공수역으로 흘러드는 지역으로서 주변의 능선을 잇는 선으로 둘러싸인 구역을 말한다.

공공수역 : 하천, 호소(湖沼), 항만, 연안해역, 그 밖에 공공용에 사용되는 수역과 이에 접속해 공공용에 사용되는 수로

064

보전산지의
입지조건

보전산지는 임업생산 기능의 증진과 재해방지, 자연생태계 보전 등의 공익 기능을 위해 필요한 산지로서 '산지관리법'에 따라 지정, 고시한 산지다.

산지는 보전산지와 준보전산지로 구분하며, 준보전산지는 특별한 경우를 제외하고는 산지전용에 대한 행위제한을 비교적 적게 받는다. 주택, 공장 등의 개발용도로 이용이 가능하다.

보전산지는 지정 목적에 임업용산지와 공익용산지로 구분되며, 보전산지에서는 국방군사시설과 사방시설 등 국토보전시설의 설치, 도로 등 공용시설의 설치 등의 특별한 경우를 제외하면 산지전용이 금지된다. 보전산지로 지정·고시된 지역은 '국토의 계획 및 이용에 관한 법률'에 의한 농림지역 또는 자연환경보전지역으로 지정·고시된 것으로 본다.

1. 임업용산지 : 임업생산 기능의 증진을 위해 필요한 산지다.

    (1) 형질이 우량한 천연림 또는 인공조림지로서 집단화되어 있는 산지

    (2) 토양이 비옥해 입목(立木)의 생육에 적합한 산지

    (3) 지방자치단체의 장이 산림경영 목적으로 사용하고자 하는 산지

2. 공익용산지 : 자연경관 보전 등 공익 기능 유지를 위해 필요한 산지다.

공익용산지로는 자연휴양림의 산지, 산지전용·일시사용제한지역, 문화재보호구역의 산지, 상수원보호구역의 산지, 개발제한구역의 산지, 보전녹지지역의 산지, 습지보호지역의 산지, 특정도서의 산지, 백두대간보호지역의 산지, 자연환경보전지역의 산지, 자연경관지구와 역사문화환경보호지구의 산지 등이 이에 해당되어 보호 가치가 매우 높다.

산지전용제한지역은 공공의 이익증진을 위해 보전이 필요하다고 인정되는 산지의 산지전용을 제한하기 위해 '산지관리법'에 따라 지정·고시한 지역이다.

1. 주요 산줄기 능선부로서 자연경관 및 산림생태계 보전을 위해 필요하다고 인정되는 지역
   (예) 강원도 고성군, 양양군, 인제군 소재의 향로봉부터 지리산으로 이어지는 태백산맥과 소백산맥에 속하는 산줄기

2. 명승지, 유적지, 그 밖에 역사적, 문화적으로 보전할 가치가 있다고 인정되는 산지
   (예) 전통사찰, 기념비 등 문화재 보호를 위해 필요한 산지

3. 산사태 등 재해발생이 우려되는 산지
   (예) 산지 경사도 등 농림축산식품부령으로 정하는 산사태위험지역 판정기준표상의 위험요인에 따라 산사태가 발생할 가능성이 높은 것으로 판정된 산지

산줄기의 산지로서 자연경관 및 산림생태계 보전에 필요한 산지는 해당 산줄기 능선 중심선으로부터 좌우 수평거리 1km 안에 위치한 것으로 한다.

065

광역교통시설의
연속성

    광역교통시설은 대도시권의 교통문제를 효율적으로 해결하기 위해 조성된 교통시설이다.

1. 둘 이상의 특별시, 광역시, 특별자치시, 도에 걸치는 도로로서 일반국도, 특별시도, 광역시도, 지방도, 시도, 군도, 구도에 해당하는 도로(광역도)다.
2. 둘 이상의 시·도에 걸쳐 운행되는 도시철도 또는 철도로서 전체 구간이 대도시권의 범위에 해당하는 지역에 포함되는 등의 일정한 요건을 갖춘 철도 중 국토교통부 장관이나 특별시장, 광역시장, 특별자치시장, 도지사가 대도시권 광역교통위원회의 심의를 거쳐 지정·고시한 도시철도 또는 철도다.
3. 대도시권 교통의 중심이 되는 도시의 외곽에 위치한 광역철도 역 인근에 건설되는 주차장
4. 지방자치단체의 장이 설치하는 공영차고지 및 화물자동차 휴게소
5. '국가통합교통체계효율화법'에 따른 환승센터, 복합 환승센터로서 그 구성시설에 대해 국토교통부 장관이 광역교통위원회 심의를 거쳐 지정·고시한 시설이다.

대도시권의 실례는 다음과 같다.

수도권 = 서울특별시, 인천광역시, 경기도

부산·울산권 = 부산광역시, 울산광역시, 경상북도 경주시, 경상남도 양산시, 김해시, 창원시

대구권 = 대구광역시, 경상북도 구미시, 경산시, 영천시, 군위군, 청도군, 고령군, 성주군, 칠곡군, 경상남도 창녕군

광주권 = 광주광역시, 전라남도 나주시, 담양군, 화순군, 함평군, 장성군

대전권 = 대전광역시, 세종특별자치시, 충청남도 공주시, 논산시, 계룡시, 금산군, 충청북도 청주시, 보은군, 옥천군

복합 환승센터 : 열차, 항공기, 선박, 지하철, 버스, 택시, 승용차 등 교통수단 간의 원활한 연계 교통 및 상업·업무 등 사회경제적 활동을 복합적으로 지원하기 위해 '국가통합교통체계효율화법'에 따라 지정된 시설이다.

복합 환승센터는 다음과 같은 구분으로 그 가치를 지정, 관리할 수가 있다.

1. 국가기간 복합 환승센터

  국가기간 교통망 구축을 위한 권역 간 대용량 환승교통의 처리+상업, 주거, 숙박 등의 지원 기능을 복합적으로 수행하며, 국토교통부 장관이 지정한다.

2. 광역 복합 환승센터

  주로 권역 내 환승교통 처리 및 상업, 주거, 숙박 등의 지원 기능을 복합적으로 수행하며, 시·도지시가 지정한다.

3. 일반 복합 환승센터

  국가기간 복합 환승센터 및 광역 복합 환승센터를 제외한 것으로서 지역 내

의 환승교통 처리를 주된 기능으로 수행하기 위해 시·도지사가 지정한 복합 환승센터

복합 환승센터는 '국토의 계획 및 이용에 관한 법률'에 의한 기반시설 중 교통시설의 하나이며, 반드시 도시·군 관리계획으로 결정해 설치해야 하는 시설로서 도시·군 계획시설로는 자동차정류장에 해당한다.

도시·군 계획시설인 자동차정류장 중 여객자동차터미널, 여객자동차운수사업용 공영차고지, 전세버스운용사업용 차고지 및 복합 환승센터는 준주거지역, 중심상업지역, 일반상업지역, 유통상업지역, 준공업지역, 자연녹지지역, 계획관리지역에 한해 설치해야 한다.

복합 환승센터는 제1종전용주거지역, 보전녹지지역, 보전관리지역, 생산관리지역 외의 지역에 설치할 수 있다.

환승시설 : 육상, 해상, 항공 교통수단의 여객 등의 이용자가 다른 노선이나 다른 교통수단으로 이용하기 위해 주차장, 공항여객터미널, 항만대합실, 철도역, 버스정류소, 여객자동차터미널 등의 기능을 제공하는 시설이다.

066

나대지와 대지의
차이점

나대지는 지목이 대인 토지로써 영구적인 건축물이 건축되어 있지 않은 토지를 말한다.

현재 폐지된 법령인 '택지소유상환에 관한 법률'에서는 택지 범위에 나대지를 포함하고 지목이 대인 토지 중 영구적인 건축물이 건축되어 있지 않은 토지로써 다음에 해당하는 토지를 제외한 토지를 나대지로 보고 있다.

1. 건축물의 부속토지
2. 종전의 '토지 수용법'(현 '공익사업을 위한 토지 등의 취득 및 보상에 관한 법률')에 의한 도시계획시설용 토지로써 도시계획으로 결정된 토지
3. '사도법'에 의한 사도(私道) 및 사실상 도로로 사용되고 있는 토지
4. 건축물에 부설된 주차장으로서 최소 기준면적 이내의 토지
5. '산업입지 및 개발에 관한 법률'에 의해 조성된 연구단지 안의 연구시설용 토지

대지는 '공간정보의 구축 및 관리 등에 관한 법률'에 따라 각 필지로 나눈 토지를 말한다.

다음의 토지는 둘 이상의 필지를 하나의 대지로 하거나 하나 이상의 필지의

일부를 하나의 대지로 할 수 있다.

1. 둘 이상의 필지를 하나의 대지로 할 수 있는 토지
   (1) 하나의 건축물을 두 필지 이상에 걸쳐 건축하는 경우 : 그 건축물이 건축되는 각 필지의 토지를 합한 토지
   (2) '공간정보의 구축 및 관리 등에 관한 법률'에 따라 합병할 수 없는 경우 다음의 어느 하나에 해당하는 경우
       – 각 필지의 지번부여지역이 서로 다른 경우
       – 각 필지의 도면의 축적이 다른 경우
       – 서로 인접하고 있는 필지로서 각 필지의 지반이 연속되지 않은 경우
       – 도시·군 계획시설에 해당하는 건축물을 건축하는 경우 : 그 도시·군 계획시설이 설치되는 일단(一團)의 토지
       – '주택법'에 따라 사업계획승인을 받아 주택과 그 부대시설 및 복리시설을 건축하는 경우
       – '주택법'에 따른 주택단지

2. 하나 이상의 필지의 일부를 하나의 대지로 할 수 있는 토지
   (1) 하나 이상의 필지의 일부에 대해 도시·군 계획시설이 결정·고시한 경우 : 그 결정·고시된 부분의 토지
   (2) 하나 이상의 필지의 일부에 대해 농지전용 허가를 받는 경우 : 그 허가 받은 부분의 토지
   (3) 하나 이상의 필지의 일부에 대해 산지전용 허가를 받는 경우 : 그 허가 받은 부분의 토지
   (4) 사용승인을 신청할 때 필지를 나눌 것을 조건으로 건축허가를 하는 경우 : 그 필지가 나누어지는 토지

필지는 다음이 정하는 기준에 의해 구획되는 토지의 등록단위를 말한다.

1. 지번부여지역의 토지로써 소유자와 용도가 같고 지반이 연속된 토지는 1필지로 할 수 있다.
2. 1에도 불구하고 다음의 어느 하나에 해당하는 토지는 주된 용도의 토지에 편입시켜 1필지로 할 수 있다.

다만, 종된 용도의 토지의 지목이 대(坱)인 경우와 종된 용도의 토지 면적이 주된 용도의 토지 면적의 10%를 초과하거나 330㎡를 초과하는 경우에는 그렇지 않다.

1. 주된 용도의 토지의 편의를 위해 설치된 도로, 구거 등의 부지
2. 주된 용도의 토지에 접속되거나 주된 용도의 토지로 둘러싸인 토지로써 다른 용도로 사용되고 있는 토지

나대지는 입지와 상관없이 희소성이 높은 완성도 높은 토지다. 외곽지대에서도 나대지가 거래되고 있다. 그러나 지방의 나대지 상태와 수도권 요지의 나대지는 가치가 판이하다. 환금성 대비 수익성 차이가 크다.

입지 좋은 맹지의 개발가치 ≠ 입지가 안 좋은 나대지의 개발가치

잠재가치와 실용가치는 늘 투자자가 고민하는 대의명분이다.

067

토지의 개별 개발행위는 환금성 높이는 유일한 방법

땅의 낮은 환금성을 극대화하는 방법은 오로지 내가 직접 개발행위를 가하는 것뿐이다. 토석채취과정을 통해 개발 전후의 모습을 통해 환금화 속도를 조절할 수가 있다.

토석채취과정은 흙, 모래, 자갈, 바위 등의 토석을 채취하는 과정이다.

'국토의 계획 및 이용에 관한 법률'에서는 토석채취행위(토지 형질변경의 목적은 제외)를 토석채취로 규정하고 있으며, 토석채취는 법률에 의한 개발행위에 해당한다.

다음의 어느 하나에 해당하는 경우에는 개발행위 허가를 받지 않아도 된다.

1. 도시지역 또는 지구단위계획구역 내 지역 : 채취면적이 25㎡ 이하인 토지에서 부피 50㎥ 이하의 토석채취행위
2. 도시지역, 자연환경보전지역, 지구단위계획구역 외의 지역 : 채취면적이 250㎡ 이하인 토지에서 부피 500㎥ 이하의 토석채취행위

도시지역과 계획관리지역의 산림에서 임도 설치와 사방사업은 '산림자원의 조성 및 관리에 관한 법률' '사방사업법'에 따르고 보전관리지역, 생산관리지역,

농림지역, 자연환경보전지역 산림에서의 개발행위는 '산지관리법'에 따른다.

    토지 형질변경과정(개발행위) : 절토(땅깎기), 성토(흙 쌓기), 정지, 포장 등의 방법으로 토지 형상을 변경하는 과정이다.

    '국토의 계획 및 이용에 관한 법률'에서는 절토, 성토, 정지, 포장 등의 방법으로 토지 형상을 변경하는 행위와 공유수면매립행위를 토지 형질변경으로 규정하고 있다.

다음의 경우는 개발행위 허가를 받지 않아도 된다.

1. 건축신고로 설치할 수 있는 건축물의 개축, 증축, 재축과 이에 필요한 범위에서의 토지 형질변경
2. 높이 50cm 이내 또는 깊이 50cm 이내의 절토, 성토, 정지 작업
3. 도시지역, 자연환경보전지역, 지구단위계획구역 외의 지역에서 면적이 660㎡ 이하인 토지에 대한 지목변경을 수반하지 아니하는 절토, 성토, 정지, 포장 작업
4. 조성이 완료된 기존 대지에서 건축물과 그 밖의 공작물 설치를 위한 토지 형질변경(절토와 성토는 제외)
5. 국가 또는 지방자치단체가 공익상의 필요 때문에 직접 시행하는 사업을 위한 토지 형질변경

토지 형질변경 규모는 다음에서 정하는 용도지역별 면적 미만이어야 한다.

1. 주거지역, 상업지역, 자연녹지지역, 생산녹지지역 : 1만㎡
2. 공업지역 : 3만㎡

3. 보전녹지지역 : 5,000㎡

4. 관리지역 : 3만㎡

5. 농림지역 : 3만㎡

6. 자연환경보전지역 : 5,000㎡

'국토의 계획 및 이용에 관한 법률'에 의한 개발행위는 다음과 같다.

1. '건축법'에 따른 건축물의 건축행위

2. 공작물 설치 : 인공을 가해 제작한 시설물 설치

3. 토지 형질변경 : 절토, 성토, 정지, 포장 등의 방법으로 토지 형상을 변경하는
   행위와 공유수면매립행위

4. 토석채취행위

5. 토지 분할과정('건축법'에 따른 건축물이 있는 대지는 제외)
   – 녹지지역, 관리지역, 농림지역, 자연환경보전지역 안에서 관계 법령에 따
     른 허가, 인가 등을 받지 않고 행하는 토지 분할
   – '건축법'에 따른 분할제한면적 미만의 토지 분할
   – 관계 법령에 의한 인허가 등을 받지 않고 행하는 너비 5m 이하의 토지 분할

6. 물건을 쌓아놓는 행위 : 녹지지역, 관리지역, 자연환경보전지역 안에서 건축
   물의 울타리 안에 위치하지 않은 토지에 물건을 1개월 이상 쌓아놓는 행위

분할제한면적
주거지역 60㎡
상업지역 150㎡
공업지역 150㎡
녹지지역 200㎡
기타지역 60㎡

068

도시개발구역의
필요성

전국적으로 서울특별시는 100% 도시지역으로만 구성된 유일한 공간이다. 각종 편익공간과 인구의 다양화를 자랑하지만, 용도지역만은 다양하지 못하다.

비도시지역과 맹지가 없는 곳으로 재개발 1번지이기도 하다. 강남 일부 지역은 아직도 아파트 투자 가치가 높다. 대지 지분의 희소가치가 날로 높아지고 있기 때문이다. 용적률 완화는 용도지역의 변화를 의미하며 주택가치가 높아질 수 있는 기회다.

도시 역사가 강북 대비 짧은 강남지역은 재건축이 많지 재개발은 많지 않다. 강북지역에 몰려 있는 이유는 도시 역사 때문이다.

도시개발구역은 도시개발사업을 시행하기 위해 '도시개발법'에 따라 지정·고시된 구역이다. 수도권(서울 경기 인천)일대에서 도시개발과정을 밟고 있는 곳이 꽤 있다.

도시개발사업은 도시개발구역에서 주거, 상업, 산업, 문화, 복지 등의 기능이 있는 단지 또는 시가지를 조성하기 위해 시행하는 사업이다.

종전의 '도시계획법'의 도시계획사업에 관한 부분(대지조성사업)과 '토지 구획 정리사업법'을 통합, 보완해 도시개발에 관한 기본법으로서 '도시개발법'을 지난 2000년 7월에 제정해 최초로 도입했다.

도시개발구역의 지정대상지역 및 규모는 다음과 같다.

1. 주거지역, 상업지역 : 1만㎡ 이상
2. 공업지역 : 3만㎡ 이상
3. 자연녹지지역 : 1만㎡ 이상
4. 생산녹지지역 : 1만㎡ 이상
5. 도시지역 외의 지역 : 30만㎡ 이상(다만, 공동주택 중 아파트, 연립주택의 건설계획
   이 포함되는 경우로서 일정 요건을 모두 갖춘 경우에는 10만㎡ 이상)

자연녹지지역, 생산녹지지역, 도시지역 외의 지역에 도시개발구역을 지정하는 경우에는 광역도시계획 또는 도시·군 기본계획에 의해 개발이 가능한 지역에서만 국토교통부 장관이 정하는 기준에 따라 지정해야 한다.

다음의 어느 하나에 해당하는 지역으로서 지정권자가 계획적인 도시개발이 필요하다고 인정하는 지역에 대해서는 면적제한을 적용하지 않는다.

1. 취락지구 또는 개발진흥지구로 지정된 지역
2. 지구단위계획구역으로 지정된 지역
3. 국토교통부 장관이 국가균형발전을 위해 관계 중앙행정기관의 장과 협의해
   도시개발구역으로 지정하려는 지역(자연환경보전지역은 제외)

도시개발사업은 사업시행자가 도시개발구역의 토지 등을 수용 및 사용하거나 환지방식으로 시행할 수 있으며 이를 혼용하는 방식으로도 시행이 가능하다.

시가지

도시에서 주거, 상업, 공업 등을 기능하는 건축물들이 집적되어 늘어선 것. 건물이 즐비하고, 도시적 색채를 띤 지역이다.

시가화구역은 도시 내의 시가지구역 또는 장래에 계획적인 시가화를 도모해야 할 구역이다.

069

토지 투자 전 용도지역과 지목보다
더 중요한 것은 바로 이것!

임장활동을 하기 전에 알아볼 것이 하나 있다.

현장 예측과정이다. 현장을 볼 수 있는 방법을 모르면 굳이 현장에 갈 이유가 없다.

가면 실망뿐이기 때문이다.

내 땅만 볼 게 아니라 현장분위기를 넓게 보라.

용도지역의 분포도와 지목 분포도 중 후자가 더 중요하다.

지목 분포도 하나로도 현장감을 감지할 수 있기 때문이다.

가령 농지(완성도 낮은 지목) 인근에 많은 대지와 공장용지가 광대하게 분포되어 있다면 십중팔구 생동감이 넘쳐날 것이다. 반대로 농지나 임야로만 현장이 구성되어 있다면 현장감이 현저히 떨어질 것이다. 현장이 온통 대지로만 구성되어 있으면 거긴 높은 현장감과 박진감이 넘쳐난다. 대지가 또 다른 대지를 낳게 된 것이다. 도로가 도로를 부른 격이다.

그러나 용도지역으로는 현장감 감시가 거의 불가능하다.

계획관리지역이 넓게 구성되어 있고 그 주변에 도시지역 자연녹지지역으로 분포되어 있다고 해서 반드시 생동감이 넘쳐날 것이라는 보장은 없다. 용도지역 하나로는 현장감식이 힘들다.

농지로 구성되어 있거나 임야로만 구성된 현장이 박진감이 떨어지는 건 지목 완성도가 워낙 낮아서다. 완성도 높은 용도지역 하나로 현장 가치를 판단하는 건 무리다.

토지 투자 전 용도지역과 지목보다 더 중요한 것이 있다.

1. 입지
2. 두 가지 방향 설정

입지는 지역 랜드마크를 통해 결정된다.
지역 랜드마크는 두 가지 방도로 관철된다.
인물(인구)과 지상물(완성물)을 통해 가치가 결정되는데, 전자가 정확하다. 정밀한 접근이 가능하다. 인구가 몰린다는 건 접근성이 높다는 증거이기 때문이다.

방향설정 역시 두 가지 방도로 관철된다.
한 가지만 선택하라.

사자마자 내가 직접 개발을 할 것인지(필지개발) 아니면 남(국가나 지자체 등)이 개발하는 과정에서 어부지리 식으로 이익을 볼 것인지(획지개발과정) 분명히 선택하라.
전자가 실활용 목적(내가 직접 건축행위를 함)이라면 후자는 투자 목적(남 또는 국가가 대형건축행위를 가함)이다.

직접개발 : 내가 직접 건축행위를 위해 전용과정을 밟는다.
간접개발 : 주변 가치에 의지한다. 국책사업 등에 의존한다.

⒠ 옆 지주들의 힘을 빌린다. 의지한다. 답사 시 현장의 중개업자들에게 지역정보를 취득하라. 정치인들, 대기업들의 땅들을 알아보고 그 인근에 땅을 잡아라.

현지 중개업자들을 통해 가격정보를 알아보지 말고 인물(사람)정보에 집중하라. 그게 정확도가 높다. 가격정보는 정보도 아니다. 들쭉날쭉해서 기준을 상실하게 된다!

직접개발과 간접개발은 마치 직접역세권과 간접역세권처럼 항상 함께 움직인다.

직접역세권이 강할수록 간접역세권의 영향력이 커지듯 말이다.

큰 도로를 만드는 과정을 간접개발(국책사업, 대형사업)이라고 한다면 작은 도로에 집중하는 건 직접개발과정(개인의 농지 및 산지전용과정)인 셈이다.

지도로 따지자면 대형지도(전도, 全圖)와 지적도이리라.

070

국제해양도시와
마리나항만시설

생태·해양자원을 활용한 관광 힐링공간을 창출하는 노력을 수도권에서 하고 있다. 김포시, 인천광역시는 대한민국 대표 어항구역을 꿈꾼다. 서해안시대의 시발점이다. 서해안시대의 바다이기 때문이다.

어항구역은 어항의 수역 및 육역으로서 '어촌·어항법'에 따라 어항으로 지정 및 고시된 지역으로 국가어항, 지방어항 등으로 분기된다.

1. 국가어항 : 이용범위가 전국적으로 어항 또는 섬, 외딴곳에 있어 어장의 개발
   및 어선의 대피에 필요한 어항
2. 지방어항 : 이용범위가 지역적이고 연안어업에 대한 지원의 근거리가 되는
   어항
3. 어촌정주어항 : 어촌의 생활근거지가 되는 소규모 어항
4. 마을공동어항 : 국가어항, 지방어항, 어촌정주어항 외의 항·포구

어촌특화발전계획구역

어촌특화를 위해 추진하는 사업이 어촌특화사업이며, 이 사업을 시행하기

위해 특별자치도지사, 시장, 군수, 구청장이 관할 행정구역에 있는 어촌의 자원 현황과 산업의 경쟁력을 분석하고 미래의 잠재동력 등을 파악해 수립하는 것이 어촌특화발전계획이다.

이같이 어촌특화발전계획을 수립해 사업을 수행하는 대상지역이 어촌특화 발전계획구역이다.

항만

1. **무역항**(국가관리무역항과 지방관리무역항으로 분류)

2. 연안항

출처 : 저자 제공

'국토의 계획 및 이용에 관한 법률'에 의한 항만은 다음의 시설을 말한다.

항만은 기반시설 중 교통시설의 하나로서 반드시 도시·군 관리계획으로 결정해 설치해야 한다.

1. '항만법'에 따른 항만시설

2. '어촌·어항법'에 따른 어항시설

3. '마리나항만의 조성 및 관리 등에 관한 법률'에 따른 마리나항만시설

마리나항만시설은 '국토의 계획 및 이용에 관한 법률'에 의한 기반시설 중 교통시설의 하나이며, 반드시 도시·군 관리계획으로 결정해 설치해야 하는 시설로서 도시·군 계획시설로는 항만에 해당한다.

마리나선박 : '마리나항만의 조성 및 관리 등에 관한 법률'에 의한 마리나선박은 유람, 스포츠, 여가용으로 제공 및 이용하는 선박이다(보트, 요트 포함)

(예) 경기도 시흥시 거북섬 마리나 경관브릿지 개발

071

사람과 가축 보호를
위한 규제

공부상 필수항목으로 명기된 규제의 목적은 하나다.

사람과 더불어 가축을 보호한다는 측면이 있지만, 궁극적으로는 사람보호에 그 목적이 있다.

가축사육제한구역이 그중 하나다.

가축사육제한구역은 생활환경보전 및 상수원 수질보전을 위해 가축사육 제한이 필요한 경우에 시장, 군수, 구청장이 '가축분뇨의 관리 및 이용에 관한 법률' 및 해당 지방자치단체의 조례가 정하는 바에 따라 지정한 구역을 말한다.

1. 주거밀집지역으로 주거인구가 있는 곳이며, 생활환경 보호해야 하는 지역
2. '수도법'에 따른 상수원보호구역, '환경정책기본법'에 따른 특별대책지역 및 그 밖에 이에 준하는 수질환경보전이 필요한 지역
3. '한강수계 상수원 수질개선 및 주민지원 등에 관한 법률' '낙동강수계 물 관리 및 주민지원 등에 관한 법률' '금강수계 물 관리 및 주민지원 등에 관한 법률' '영산강·섬진강수계 물 관리 및 주민지원 등에 관한 법률'에 따라 지정, 고시된 수변구역
4. '환경정책기본법'에 따른 환경기준을 초과한 지역

5. 환경부 장관 또는 시·도지사가 가축사육제한구역으로 지정, 고시하도록 요청한 지역

공부상 필수항목으로 명기된 규제가 바로 가축사육제한구역으로, 이는 전적으로 환경보호를 통한 사람보호가 주목적이다.

가축은 두 가지 법률에 따라 의미가 부여·지정되나, 사람을 보호한다는 측면에서는 크게 다르지 않다.

'가축분뇨의 관리 및 이용에 관한 법률'에 의한 가축은 소, 돼지, 말, 닭, 젖소, 오리, 양, 사슴, 메추리, 개를 말한다.

가축시설 : '축산법'은 가축을 소, 말, 면양, 염소, 돼지, 사슴, 닭, 오리, 거위, 칠면조, 메추리, 타조, 꿩, 그 밖에 대통령령으로 정하는 동물 등이라고 규정하고 있다. 이러한 가축의 사육 및 관리와 관련된 시설이 가축시설이다.

'도시·군 계획시설의 결정·구조 및 설치기준에 관한 규칙'에 따르면 가축시설은 준주거지역, 중심상업지역, 일반상업지역, 근린상업지역, 유통상업지역, 준공업지역, 자연녹지지역, 계획관리지역에 한해서 설치해야 한다.

도시·군 계획시설은 기반시설 중 '국토의 계획 및 이용에 관한 법률'에 따라 도시·군 관리계획으로 결정·고시된 시설을 말한다.

장기규제가 대부분 야생동식물과 사람보호에 철저하다면, 이 규제는 사육동물에 집중한다. 이로써 가축사육제한구역은 사육동물과 사람이 함께 보호받는다는 측면에서 규제 의미가 새롭다.

072

예정지역과 행정중심복합도시

예정지역은 중앙행정기관과 그 소속기관을 행정중심복합도시로 이전하는 계획에 따라 시가지 조성을 위해 '신행정수도 후속대책을 위한 연기·공주지역 행정중심복합도시 건설을 위한 특별법'에 따라 지정·고시된 지역을 말한다.

예정지역으로 지정·고시된 지역은 도시지역과 도시개발구역으로 결정·고시된 것으로 보며, 개발행위허가 및 건축허가의 제한은 해제된 것으로 본다.

예정지역 안에서 토지 형질변경, 건축물 건축 등의 행위를 하기 위해서는 건설청장 허가가 필요하다.

'신행정수도 후속대책을 위한 연기·공주지역 행정중심복합도시 건설을 위한 특별법'에 의한 행정중심복합도시는 중앙행정기관 등의 이전계획에 따라 중앙행정기관 및 그 소속기관이 이전해 행정기능이 중심이 되는 복합도시다. 새로이 건설되는 도시로서 예정지역 및 주변지역으로 이루어지는 지역을 말한다.

개발행위허가 및 건축허가제한지역 : 국토교통부 장관은 행정중심복합도시 건설을 위해 예정지역 및 주변지역으로 지정될 지역에 대해 토지 이용상황 조사가 이루어져야 하는데, 이 과정에서 부동산 투기가 우려되는 지역에 대해 개발행위허가 및 건축허가를 제한할 수가 있다.

주변지역은 예정지역과 연접한 지역으로서 예정지역의 개발로 인해 영향을 받을 수 있는 지역 중 계획적인 관리가 필요하다고 인정될 때 지정·고시하는 지역이다.

주변지역 안에서의 행위제한은 특별한 경우를 제외하고, '국토의 계획 및 이용에 관한 법률'에 의한 시가화조정구역 안에서의 행위제한에 관한 사항을 준용한다.

073

절대 불변의
토지 투자 3단계

집값 대비 땅값은 쉽게 오른다. 집 주변의 맹지도 오른다. 변수작용이 가장 많은 게 땅이다.

변수 종류가 가장 많다.

변수(경우의 수)의 분류 : 예측불허의 변수도 허다하다.

1. 용도가 바뀌지 않았으나 주변 가치와 분위기가 바뀌는 바람에 가격에 태풍이 가해지는 경우가 있다. 가수요 및 유동인구 급증현상이 일어날 때 가능한 시나리오다.

기획 부동산 회사와 해당 지역 공인중개사들이 하나의 맘으로 일사불란하게 움직인다. 거품 출현의 원흉이다. 이때가 바로 기획 부동산 회사의 원자재가 지역 중개업자들의 물건(맹지)인 셈이다.

용도변경이 예상된다는 예측과 억측 사이에 기획력이 발동한다.

2. 용도가 바뀌었으나 주변 분위기가 제자리에 머문 경우

(예) 인구수가 오랜 기간 제자리에 멈춰 있다

3. 용도가 바뀌는 바람에 주변 가치에 새 바람이 불어오는 경우다. 용도와 인구가 비례하는 경우로 정상적인 궤도를 질주하는 최고 수준의 기회다. 전성 기다. 가치와 가격이 함께 움직일 수 있는 상태로 지속성이 강한 가치를 쉽게 목도할 수 있다.

결국 인구변화와 용도변화현상은 땅값 이동의 전제조건이 되고 있다.

인구와 용도는 쌍두마차다. 정비례해야 정상궤도를 질주한다.

가격변화의 재료(전제조건) : 인구변화현상과 용도변화
인구변화의 재료 : 용도변화
용도변화의 재료 : 구체적인 개발계획 및 조감도

다만 개발의 타당성이 반드시 높아야 용도변화가 일어날 수가 있다. 용도변화가 일어난다고 인구변화가 반드시 일어나는 건 아니다. 국토와 관련된 개발의 엇박자 증상은 심하다.

단순히 용도가 변했다고 해서 존재가치가 금세 변하는 건 아니다.

'용도의 입지'가 중요하다.

스마트시티 = Safe City
스마트시티가 도시의 가치 기준이다. 개발효과와 관련 깊기 때문이다.

스마트시티의 3가지 기준(잣대)

공실률↓ 실업률↓ 범죄율↓

074

그린벨트 속성과
자연녹지지역의 속성

그린벨트(개발제한구역)와 자연녹지지역이 한 공간 안에 공존, 공생하는 모습이 있는데 이는 지극히 자연스러운 광경이다. 둘 다 존재 목적이 동일(확실)하기 때문이다.

자연의 가치가 높아 지역적으로 보전가치가 높다. 억지로 인공적으로 개발과정을 거칠 수가 없다.

그린벨트와 자연녹지지역의 다른 점이 있다. 그린벨트는 해제 및 완화의 대상이지만 자연녹지지역은 용도변경의 대상이라는 점이다.

'개발과 규제'는 '인구'에 예민하다.

그린벨트를 수도권에 대거 지정한 이유는 인구폭증현상과 무관하지 않다. 주거인구증가로 인해 개발을 통해 주거지역과 공간의 확보가 필요하다. 서울이 포함된 수도권에서는 체계적이고 조직적인 개발 관리가 필요하므로, 수도권정비계획법이라는 법령이 마련되어 있다. 지방에서는 볼 수 없는 법치, 가치다. 과밀억제권역을 지정해 역시 순리대로 관리한다. 과밀억제권역의 인구밀도는 높다. 인구변화 대비 면적이 매우 좁기 때문이다. 과밀억제권역 안에 그린벨트를 지정하는 이유이리라.

경기도 과천 광명 하남 시흥 의왕 군포 일대가 이에 해당한다.

단 시흥시는 과밀억제권역이자 성장관리권역이다.

맹지, 녹지, 그린벨트의 공통점 : 입지가 생명

입지가 좋은 맹지, 녹지, 그린벨트의 희소가치는 너무도 높아 투자 가치도 높다.

접근성이 높은 맹지가 개발의 타당성이 높고 훼손정도가 높은 그린벨트의 개발가치가 높다. 인구가 증가해 그린벨트를 훼손한 것이다. 보전가치가 낮아져 자연히 개발가치가 높아진다. 그린벨트 완화 또는 해제가 필요하다. 훼손정도가 높은 그린벨트는 개발가치가 높다. 도로에 접한 상태라 그린벨트가 훼손된 것이다. 주거시설이 필요하다.

도로를 통해 접근성이 높아지는 바람에 인구의 다변화로 이어졌기 때문이다.

입지가 좋다면 사람 접근이 용이해서 인구증가를 기대할 수 있다.

인구가 증가하면 녹지지역이 주거공간으로 바뀌어 용도변경현상이 일어난다. 주거시설이 역시 필요성이 커진다.

앞에서 기술했듯 서울특별시는 100% 도시지역으로 구성되어 있다. 일반주거지역과 자연녹지지역이 혼재된 곳이 많은 경기도가 서울의 위성도시 역할을 수행해야 하는 이유다. 대한민국 국민의 90% 이상이 도시지역에 밀집해 살고 있다. 서울에 무려 318개에 이르는 완성도 높은 역세권이 있다. 역세권 사용자가 다양하다는 증거다.

이게 바로 수도권과 지방의 가치 차이다.

075

도시 경관지구의 역할

경관지구는 '국토의 계획 및 이용에 관한 법률'에 의한 용도지구이며, 지구 안에서는 경관의 보전, 관리가 장애가 된다고 인정해 도시·군 계획조례가 정하는 건축물은 건축할 수가 없다.

경관지구는 지정 목적에 따라 다음과 같이 세분할 수 있다.

1. 자연경관지구 : 도시의 자연풍치를 유지하기 위해 필요한 지구
2. 시가지경관지구 : 지역 내 주거지, 중심지 등 시가지 경관을 보호, 유지하거나 형성하기 위해 필요한 지구를 말한다.

   대상지로는 건축물을 정비해 도시화 이미지의 경관을 조성하거나 도시진입부, 건축물 경관을 특별히 유지, 관리할 필요성이 있는 우량 주택지구 등이다. 도시진입부의 경우 행정구역 경계선으로부터 내부로 1~3km 정도까지 노선을 따라 선형으로 지정하고, 그 폭은 가시거리에 따라 달라진다. 도로(또는 철도) 경계로부터 500~1,000m에 이르는 개발가능지에 지정할 수 있다.

   우량주택지구에 지정되는 경우 기존의 우량주택지구 경계를 따라 지정한다.
3. 특화경관지구(수변경관지구) : 지역 내 주요 수계의 수변 또는 문화적 보존가치가 큰 건축물 주변의 경관 등 특별한 경관을 보호 또는 유지하거나 형성하

는 데 필요한 지구를 말한다.

수변에 면한 건물 등 양호한 인공경관을 형성하기 위해 지정하며, 시가지 내에서 복개되지 않은 모든 수변이 지정대상이 될 수 있다.

수변경관지구의 지정범위는 수변의 폭이나 크기에 따라 달리 지정되어야 하는데, 하천변의 경우 하천 평균폭의 1~2배 폭으로 지정하며, 호소변에는 200~300m, 해안변의 경우 1~2km를 지정한다.

용도지구

용도지역 기능을 증진시키기 위해 지정하며, 용도지역 위에 중첩하여 지정할 수 있다.

용도지역보다 작은 규모로 지정한다. 용도지구는 용도지역, 용도구역과 더불어 토지 이용을 규제, 관리하는 토지 이용계획에 대표적인 법적 실행수단이다. '국토의 계획 및 이용에 관한 법률'에 의한 용도지구는 경관지구, 고도지구, 방화지구, 방재지구, 보호지구, 취락지구, 개발진흥지구, 특정용도제한지구, 복합용도지구로 구분되며, 시·도 또는 대도시의 군 계획조례로 용도지구를 신설할 수 있다.

복합용도지구는 '국토의 계획 및 이용에 관한 법률' 개정 시(2017. 4. 18) 최근의 다양한 토지 이용수요에 대응해 유연하고 복합적인 토지 이용을 유도하기 위해 신설한 용도지구다.

076

역세권개발구역

역세권개발구역은 역세권개발사업을 시행하기 위해 '역세권의 개발 및 이용에 관한 법률'에 따라 지정, 고시한 구역이다.

지정 대상은 다음과 같다.

1. 철도역이 신설되어 역세권의 체계적인 개발이 필요한 경우
2. 철도역의 시설노후화 등으로 철도역을 증축, 개량할 필요가 있는 경우
3. 노후, 불량건축물이 밀집한 역세권으로서 도시환경 개선을 위해 철도역과 주변지역을 동시에 정비할 필요가 있는 경우
4. 철도역으로 인한 주변지역의 단절해소 등을 위해 철도역과 주변지역을 연계해 개발할 필요가 있는 경우
5. 도시의 기능 회복을 위해 역세권의 종합적인 개발이 필요한 경우

역세권개발사업

역세권개발구역에서 철도역 및 주거, 교육, 보건, 복지, 관광, 문화, 상업 등의 기능을 가지는 단지조성과 시설설치를 위해 시행하는 사업을 말한다.

'역세권의 개발 및 이용에 관한 법률'에 의한 역세권은 철도역과 인근의 철도 시설 및 그 주변지역이다. 역사 범위가 구체적이지 않은 건 변수가 심하기 때문 이다. 철도 중심으로 500m 반경이지만 역까지의 경로와 실태, 타 교통수단과 의 연계, 역 시설 등을 고려해야 한다.

토지를 정리하는 방법과
주택을 정리정돈하는 방법

수도권 일대에 완성도가 낮은 토지를 정비하는 수도권정비계획법이 있다면, 완성도가 몹시 높은 토지를 정비하는 수위의 법령도 마련되어 있다.

재정비촉진지구가 이에 해당된다.

재정비촉진지구 : '도시재정비 촉진을 위한 특별법'에 의해 지정, 고시된 지구로 주거환경개선과 기반시설 확충에 집중한다.

수도권정비계획법(과밀, 자연, 성장)처럼 3가지 유형으로 재정비된다.

1. 주거지형 : 노후 불량주택과 건축물이 밀집한 지역으로서 주로 주거환경의 개선과 기반시설의 정비가 필요한 지구
2. 중심지형 : 상업지역, 공업지역 등으로서 토지의 효율적 이용과 도심 또는 부도심 등의 도시기능 회복이 필요한 지구
3. 고밀복합형 : 주요 역세권, 간선도로의 교차지 등 양호한 기반시설을 갖추고 있어 대중교통이 용이한 지역으로서 도심 내 소형주택의 공급확대와 토지의 고도이용, 건축물의 복합개발이 필요한 지구

재정비촉진지구는 다음의 어느 하나 이상에 해당하면 지정된다.

1. 주거지형과 동일한 상황

2. 중심지형과 동일한 상황

3. 고밀복합형과 동일한 상황

4. 주거환경개선사업, 재개발사업, 재건축사업, 가로주택정비사업, 소규모재건
   축사업, 도시개발사업, 시장정비사업, 도시·군 계획시설사업을 체계적, 계획
   적으로 개발할 필요가 있는 경우

5. 국가 또는 지방자치단체의 계획에 따라 이전되는 대규모 시설의 기존 부지
   를 포함한 지역으로서 도시 기능의 재정비가 필요한 지구

> **재정비촉진사업**
> 재정비촉진지구 안에서 시행되는 '도시 및 주거환경정비법'에 의한 주거환경
> 개선사업, 주택재개발사업, 주택재건축사업, '빈집 및 소규모주택 정비에 관
> 한 특별법'에 따른 가로주택정비사업 및 소규모재건축사업, '도시개발법'에
> 의한 도시개발사업, '전통시장 및 상점가 육성을 위한 특별법'에 의한 시장정
> 비사업, '국토의 계획 및 이용에 관한 법률'에 의한 도시·군 계획시설사업을
> 말한다.
> 도시·군 계획시설사업은 도시·군 계획시설을 설치, 정비, 개량하는 사업이며
> 도시·군계획법의 한 종류에 해당된다.

078

낙후지역의 기준

낙후지역의 기준은 다음과 같다.

1. 인구의 증가율이 낮다.
2. 유휴 노동력이 많다.
3. 전통적으로 농업이 지배하는 산업구조로 되어 있다.
4. 주민 생활수준이 전국 평균보다 훨씬 낮다.
5. 문화 및 경제적으로 후진성을 면치 못해 다른 지역과 고립된 지경이다.

'국가균형발전 특별법' 개정·시행(2009. 4. 22)으로 인해 현재는 낙후지역에 대한 법적 용어는 없다.

종전의 동법에서는 다음과 같이 규정하고 있다.

1. '오지개발촉진법'에 의한 오지 : 오지와 맹지는 그 느낌과 가치가 판이하다.
   오지는 전체적이고 개괄적인 느낌이 드나, 맹지는 지극히 부분적으로 개별
   성이 강해 창의적인 토지가 될 수 있기 때문이다.

Part 04. 토지는 모든 지상물의 원자재다 **219**

투자자로서는 접근방식이 확연히 다르다.

2. '도서개발촉진법'에 의한 개발대상도서

3. '접경지역지원법'에 의한 접경지역

4. '지역균형개발 및 지방중소기업 육성에 관한 법률'에 의한 개발촉진지구

5. 연평균 인구감소율, 재정상황, 소득수준 등의 지표를 종합평가한 결과 낙후
   지역으로 선정된 지역

국가균형발전 특별법에 규정되었던 낙후지역은 이를 효율적으로 지원하기
위해 동법 개정, 시행으로 성장촉진지역과 특수상황지역으로 구분하면서 사라
졌다.

성장촉진지역 : 성장촉진을 위해 필요한 도로, 상수도 등의 지역사회기반시설
구축 등에 국가와 지방자치단체의 특별한 배려와 지원이 필요한 지역으로서 소
득, 인구, 재정상황 등을 고려해 대통령령으로 정하는 지역이다.

특수상황지역 : 남북 분단 상황, 급격한 경제·사회적 여건의 변동에 따라 구조
적으로 불리한 환경에 처하게 되어 일정 기간 관계 중앙행정기관에 의한 행정
지원 등 특수한 지원조치가 필요한 지역으로서 접경지역, 개발대상도서 등을
말한다.

079

건축규제범위의 분류

건축물 건축이란, 토지에 정착하는 공작물 중 지붕과 기둥, 벽이 있는 것과 이에 부수되는 시설물을 신축, 증축, 개축, 재축하거나 이전하는 것을 말한다.

1. 신축 : 건축물이 없는 대지에 새로 건축물을 축조하는 것
2. 증축 : 기존 건축물이 있는 대지에서 건축물의 건축면적, 연면적, 층수, 높이를 늘리는 것
3. 개축 : 기존 건축물의 전부 또는 일부를 해체하고 그 대지에 종전과 같은 규모의 범위에서 건축물을 다시 축조하는 것
4. 재축 : 건축물이 천재지변이나 그 밖의 재해로 멸실된 경우 그 대지에 종전과 같은 규모의 범위에서 다시 축조하는 것
5. 이전 : 건축물의 주요구조부(내력벽)는 해체하지 않고 같은 대지의 다른 위치로 옮기는 것

층수가 21층 이상인 건축물 등 일정 규모 이상의 건축물은 특별시장이나 광역시장의 허가를 받거나 도지사 승인이 필요하다. 다음의 경우에는 신고로 갈음할 수 있다.

1. 바닥면적의 합계가 85㎡ 이내의 증축, 개축, 재축

2. 관리지역, 농림지역, 자연환경보전지역에서 연면적이 200㎡ 미만이고 3층 미만인 건축물의 건축

3. 연면적이 200㎡ 미만이고 3층 미만인 건축물의 대수선

   ※ 대수선 : 건축물의 기둥, 보, 내력벽, 주계단 등의 구조나 외부 형태를 수선·변경하거나 증설하는 것

4. 주요구조부의 해체가 없는 등의 대수선

건축허가는 인터넷 건축행정시스템(세움터) 통해 신청할 수 있다.

건축물 건축은 '국토의 계획 및 이용에 관한 법률'에 의한 개발행위에 해당되어 개발행위허가를 받아야 하며, 건축허가신청 시 개발행위허가에 필요한 서류를 첨부해서 의제처리를 받을 수 있다.

※ 의제처리 : 개별 법률에 따라 각각 이행해야 하는 인허가를 함께 처리할 수 있도록 함으로써 행정업무의 효율성을 높여 대국민 서비스를 개선하고자 하는 제도

080

문화재보호구역의 범위

문화재보호구역은 문화재로 지정된 경우 해당 지정문화재의 점유 면적을 제외한 지역으로서 그 지정문화재를 보호하기 위해 '문화재보호법'에 따라 지정·고시된 구역이다.

인위적 또는 자연적 조건의 변화로 인해 조정이 필요하다고 인정하면 조정이 가능하다.

지정 또는 조정 후 매 10년이 되는 날 이전에 다음 각 호의 사항을 고려해 그 지정 및 조정의 적정성을 검토한다.

1. 해당 문화재의 보존상태(보존가치)
2. 보호물 또는 보호구역의 지정이 재산권 행사에 미치는 영향
3. 보호물 또는 보호구역의 주변 환경

문화재의 분류

1. 유형문화재 : 건조물, 전적(글과 그림을 기록해 묶은 책), 서적, 회화, 공예품 등 유형의 문화적 소산으로서 역사적, 예술적, 학술적 가치가 큰 것과 이에 준하는 고고자료

2. 무형문화재 : 연극, 음악, 무용, 공예기술 등 무형의 문화적 소산으로서 역사적, 예술적, 학술적 가치가 큰 것

3. 기념물

- 절터, 옛무덤, 조개무덤, 성터, 궁터 등의 사적지
- 동물(그 서식지, 번식지, 도래지 포함), 식물(그 자생지 포함), 광물, 동굴, 지질, 생물학적 및 특별한 자연현상으로서 역사적, 예술적(경관적), 학술적 가치가 큰 것

4. 민속자료 : 의식주, 생업, 신앙 등에 관한 풍속이나 관습과 이에 사용되는 의복, 기구, 가옥 등

※ 지정문화재구역 : 중요유형문화재, 중요무형문화재, 중요사적·명승·천연기념물, 중요민속자료를 보호하기 위해 문화재청장, 특별시장, 광역시장, 도지사, 특별자치도지사가 '문화재보호법'에 따라 지정·고시한 지정문화재의 구역

지정문화재의 분류

1. 국가지정문화재 : 문화재청장이 지정한 문화재

2. 시·도지정문화재 : 특별시장, 광역시장, 특별자치시장, 도지사, 특별자치도지사가 지정한 문화재

3. 문화재자료 : 향토문화 보존상 필요하다고 인정되는 문화재자료

문화재보호구역을 마치 직접역세권의 범위를 정하듯 함부로 정하면 안 된다. 하나는 보호의 가치가 높고 하나는 개발의 가치가 높은 지경이기 때문이다. 물론 역세권이든 문화재보호구역이든 거리를 통해 통제를 가한다.

(예) 문화재 보호가치의 등급(1구역~5구역) : 평지붕의 경우

(현상변경허용기준)

1구역(보존구역)

2구역(시설물 최고높이 5m 이하)

3구역(시설물 최고높이 8m 이하)

4구역(시설물 최고높이 11m 이하)

5구역(도시계획 조례 등 관련 법률에 따라 처리)

Part 05

토지는 공실률이 없다
(토지는 절대로 늙지 않는다)

081

산업단지의 분류

'공업'은 용도를 강조할 때 사용되고 '산업'은 브랜드 가치를 응용할 때 사용된다. 공업지역이라는 말은 있어도 산업지역이라는 말은 없다. 그렇지만 공업단지와 산업단지를 함께 사용하고 있는 것이 현실이다.

'국가공업단지'라는 말도 없다. 국가산업단지라는 말을 자주 사용한다. 이것은 가장 강력한 지역 랜드마크로 대기업 가치 그 이상의 가치가 있다.

국가산업단지 조성경로를 통해 대기업과 그 협력업체가 입성절차를 밟기 때문이다.

산업단지의 분류

1. 국가산업단지 : 개발촉진이 필요한 낙후지역이나 둘 이상의 특별시, 광역시, 도에 걸치는 지역을 산업단지로 개발하기 위해 지정된 산업단지

2. 일반산업단지 : 도시산업 기반의 확충 및 지역특화산업의 육성을 위해 지정된 산업단지

3. 도시첨단산업단지 : 첨단산업육성과 개발촉진을 위해 도시지역 안에 지정된 산업단지

4. 농공단지 : 농어촌지역에 농어민 소득증대를 위한 산업을 유치, 육성하기 위

해 지정된 산업단지로서 다시 3가지 단지로 분기된다.

5. 전문단지 : 산업시설용지에서 동일·유사업종과 연관 업종의 입주기업 수가 4개 이상이면서 전체 입주기업체 수의 50% 이상이고, 동일·유사업종과 연관 업종의 입주기업체 입주 면적이 차지하는 비중이 산업시설 용지 면적의 50% 이상이 되는 단지

6. 지역특화단지 : 산업시설용지에서 지역특화산업(향토산업 포함)의 사업을 하는 입주기업체가 전체 입주기업의 80% 이상이고, 지역특화산업 사업 입주 기업체의 면적이 차지하는 비중이 산업시설 용지 면적의 80% 이상이 되는 단지

7. 일반단지 : 전문단지 및 지역특화단지에 해당되지 않은 그 밖의 단지

주거밀집지역이 노후화되면 재생과정을 통해 주거단지가 새롭게 변신하듯 오래된 공업지역도 마찬가지로 산업단지 재생사업지구로 지정되어 변신할 수 있다.

※ 산업단지 재생사업지구 : 산업기능 활성화를 위해 공업지역의 주변지역에 대해 시·도지사, 시장, 군수, 구청장이 '산업입지 및 개발에 관한 법률'에 의해 지정·고시하는 지구다.

조성된 지 20년 이상 지난 산업단지나 공업지역을 우선 지정한다.

공업지역의 주변지역을 포함하거나 지리적으로 연접하지 아니한 둘 이상의 지역을 하나의 재생사업지구로 지정할 수 있다. 다만, 재생사업지구에 포함되는 산업단지나 공업지역의 주변지역 면적은 해당 산업단지나 공업지역 면적의 50%를 초과할 수 없다.

공업지역에는 전용공업지역, 일반공업지역, 준공업지역이 있는데 준공업지역은 경공업이나 그 밖의 공업을 수용하되, 주거기능, 상업기능, 업무기능의 보

완이 필요한 지역을 말한다. 주거지역으로 치면 준주거지역 수위의 가치를 가지고 있다.

대도시의 경우 완충기능을 유지할 수 있도록 일반공업지역 또는 전용공업지역에 인접한 경우에 한하고, 중소도시에서는 중소규모의 공장을 지원하기 위해 지정할 수 있다.

082

포락지와 간석지 사이
(공유수면 점용)

공유수면 점용·사용이란 공유수면에서 이루어지는 건축물의 건축, 준설, 굴착, 토석채취 등으로서 공유수면의 보전 및 관리에 장애가 될 수 있는 행위를 말한다.

공유수면에서 다음과 같은 행위를 하고자 하는 경우 공유수면관리청으로부터 공유수면의 점용허가를 받아야 한다.

1. 공유수면에 부두, 방파제, 교량, 건축물(공유수면에 토지를 조성하지 않고 설치한 건축물을 말함), 그 밖의 인공구조물을 신축, 개축, 증축, 변경하거나 제거하는 행위
2. 공유수면에 접한 토지를 공유수면 이하로 굴착하는 행위
3. 공유수면의 바닥을 준설하거나 굴착하는 행위
4. 포락지 또는 개인의 소유권이 인정되는 간석지를 토지로 조성하는 행위
   ※ 포락지 : 전, 답이 강물이나 냇물에 씻겨서 무너져 침식되어 수면 밑으로 잠긴 토지
   ※ 준설행위 : 항만, 항로, 강 등의 수심을 깊게 하려고 물 밑의 토사를 파서 퍼내는 방법

5. 공유수면으로부터 물을 끌어들이거나 공유수면으로 물을 내보내는 행위(다만, 활어도매, 소매업하는 자 등이 영업을 위해 행하는 것은 제외)

6. 공유수면에서 흙이나 모래, 돌을 채취하는 행위

7. 공유수면에서 식물을 재배하거나 베어내는 행위

8. 공유수면에서 흙, 돌을 버리는 등 공유수면의 수심에 영향을 미치는 행위

9. 점용허가를 받아 설치된 시설물로서 국가나 지방자치단체가 소유하는 시설물을 점용하는 행위

10. 공유수면에서 광물을 채취하는 행위

공유수면

'공유수면 관리 및 매립에 관한 법률'에 의한 공유수면은 다음과 같다.

1. 바다 : 해안선으로부터 배타적 경제수역 외측 한계까지의 사이

2. 바닷가 : 해안선으로부터 '지적공부'에 등록된 지역까지의 사이

3. 하천, 호소, 구거, 그 밖에 공공용으로 사용되는 수면 또는 수류로서 국유인 것

간석지 : '공유수면 관리 및 매립에 관한 법률'에 의한 간석지는 만조수위선과 간조수위선 사이를 말한다.

083

사회직접시설과 사회간접시설의 의미, 자유무역지역의 존재가치

자유무역지역은 '관세법' '대외무역법' 등 관계 법령에 대한 특례와 지원을 통해 자유로운 제조와 물류, 유통, 무역활동 등을 보완하기 위해 지정한 지역으로, 구비 및 자격요건은 다음과 같다.

1. 산업단지, 공항, 항만, 배후지, 물류터미널, 물류단지로서 화물처리능력 등 일정한 기준에 적합할 것
2. 도로 등 사회간접자본시설이 충분히 확보되어 있거나 확보될 수 있을 것
3. 물품 반입, 반출을 효과적으로 관리 정리하는 데 필요한 통제시설이 설치되어 있거나 설치계획이 확정되어 있을 것

중앙행정기관장이나 시·도지사는 자유무역지역 기본계획을 작성해 산업통상자원부 장관에게 제출함으로써 자유무역지역 지정을 요청할 수 있다.

사회간접자본시설은 도로, 항만, 철도 등과 같이 어떤 물건을 생산하는 데에 직접 사용되지 않지만 생산 활동에 간접적으로 도움을 주는 시설을 말한다.

비유컨대 미완성물인 맹지와 완성물인 아파트의 경우 전자가 간접시설인 셈이다. 땅은 지금 당장 사용할 수 있는 상태가 아니기 때문이다. 그러나 땅은 아

파트 재료로서 간접적인 도움을 주고 있다. 엄연한 당당한 '간접시설'이다. 도로 일부로서 사용가치를 표출한다. 28개 지목 중 도로가 엄연히 포함되어 있다. 땅은 간접 사용이 가능한 용적률 사용이 법적으로 금지된 지경이다.

직접 사용이 가능한 지상물(아파트)과는 판이한 것이다.

SOC(사회간접자본)는 물적 부문뿐만 아니라 비물적 부문까지 포괄적인 내용을 다루고 있다. 기업 생산활동과 국민생활의 편의를 향상시키기 위해 설치하는 것을 말하는 것이다.

이와 비슷한 의미의 법률 용어로는 '사회기반시설'이 있다.

'사회기반시설에 대한 민간 투자법'에서는 사회기반시설은 각종 생산활동의 기반이 되는 시설과 해당 시설의 효용을 증진시키거나 이용자 편의 도모를 위한 시설, 국민생활의 편익을 증진시키는 도로, 철도, 항만시설 등의 시설을 말한다.

'국가회계기준에 관한 규칙'에서는 경제적 효과로서 도로, 철도, 항만, 댐, 공항, 그 밖의 사회기반시설(상수도 포함), 건설 중인 사회기반시설로 표출된다.

'사회기반시설에 대한 민간 투자법'에 의한 사회기반시설은 '사회간접자본시설에 대한 민간 투자법'이 '사회기반시설에 대한 민간 투자법'으로 법률 명칭이 변경(2005. 1. 27 시행)되면서 종전의 사회간접자본시설이 사회기반시설로 변경되었다.

084

개발청사진과 개발타당성이 반드시 비례하지 않는 이유

토지 투자자가 선택할 수 있는 국토 공간은 다양하다.

개발예정지역, 개발진행지역, 개발완료지역 등 인공적으로 만들어놓은 새로운 가치가 다양한 것이다. 투자자 입장에서는 선택의 폭이 광대하다.

개발예정지역은 비록 현장감은 몹시 떨어지지만, 실수요용도가 아닌 투자의 용도로 활용이 가능하다. 개발예정지역의 기존 건축물들은 철거 대상이기 때문이다.

투자자가 바로 알아야 할 건, 개발예정지(개발대상지)가 맹지라는 사실이다. 모든 개발프로젝트는 완성도 낮은 생땅을 통해 응용 및 적용능력을 발휘한다. 경제원론을 고수한다.

개발예정지역을 답사할 때는 지적도상의 맹지상태에 주목할 필요가 있다. 대규모 개발을 진행할 때는 맹지가 대지로 전격 변할 가능성이 높다. 답사 시 맹지상태를 볼 게 아니라 입지상태, 도로환경, 도로의 연계성 등에 주목하라.

접근성을 알아본다. 접근성은 개발타당성의 가늠자다. 대규모 개발행위 대비 소규모 개발행위(건축행위) 시에는 완성도 높은 대지를 활용한다. 입지와 상관없이 진행하는 경우도 왕왕 목도된다.

대규모 개발 시 대지를 활용하는 경우가 있는데 이는 재개발이나 재건축과정이다. 대지지분이 존속하는 상황이라서다. 주변에는 개발 경력이 풍부한 완성도가 높은 땅들로 구성, 도배되어 있다. 당연히 현장감은 훌륭하다.

개발진행지역에 실수요 겸 투자자가 꾸준히 증가한다면 수많은 사람으로부터 인기를 얻을 수가 있다. 전체 인구가 급증하는 화성 평택 용인 일대가 여기에 해당된다.

높은 현재가치를 통해 미래가치를 점검할 수 있다.

현재가치의 기준 : 꾸준히 증가하는 주거인구
지상물에 입주하는 자 : 주거인구
지역에 입성하는 자 : 투자 인구

지상물 입주자와 지역 입성자가 하나가 될 때, 기회를 기대할 수 있다.

무작정 기다리면 안 된다. 알아보라. 환경조건이 달라지면서 인구의 다양성 및 다변화를 바랄 수가 있기 때문이다.

희망과 희소가치는 인구의 가치와 연동한다. 희망의 재료 중 대학교가 있다. 젊은 대학(교육시설)과 노인대학(복지시설)으로 분류할 수 있는데 젊은 대학의 핵심인구와 노인대학의 핵심인구가 판이하다. 노동인구와 노인인구로 분류된다. 투자 환경은 인구상황과 맥을 함께 한다. 투자 조건이 완성, 형성된다.

투자는 투지가 있어야 하는 덕목이다. 투자 종목 중 땅은 가장 진보적인 재화다. 분만 및 분할을 항시 요구한다. 투지(정서적 요소)와 입지(환경적 요소)가 통합되었을 때 새롭게 단장된 가치와 투자자가 생성된다.

개발예정지역이 증가하고 있다. 대한민국은 다양한 선거를 보유한 자유민

주주의 국가이기 때문이다. 위정자들의 새로운 개발공약이 거의 남발 수준이다. 국토 자체가 개발예정지라 할 정도다. 예정과 예측은 그 성격이 다르다. 전자가 결정단계 바로 직전이 될 수 있지만, 후자는 추측에 불과하다.

도시기본계획과 도시관리계획이 서로가 공전하고 있다. 도시기본계획은 큰 그림이라면 도시관리계획은 세세한 그림들, 사진에 근접한다. 망원경과 현미경의 차이다.

도시기본계획은 마치 바탕화면(생땅 상태)과 같다. 바탕화면에 기획이라는 상세한 그림을 그리는 것이다. 국토 계획의 가장 상위 개념인 국토종합계획과는 다른 양상이다. 도시기본계획은 도시관리계획(국토의 계획 및 이용에 관한 법률)의 수립지침이 되는 계획이다.

개발예정지역의 희소성은 낮다. 거의 남발 수준이다. 강한 입지분석능력이 필요한 이유다. 상대적으로 개발진행지역(공사 중)의 희소성은 날로 높아지고 있다.

머리로 움직이는 것이 개발예정지역의 모습이라면 다리로 움직이는 모습이 바로 개발진행지역인 것이다.

085

농도, 농로와
도로의 등급

맹지분포도가 광대한 국토 안에는 농도, 농로가 많다. 농도, 농로는 농가와 경지 사이 또는 경지와 경지 사이를 연결하는 길을 말한다.

'농어촌도로정비법'에서는 경작지 등과 연결되어 농어민의 생산활동과 직접 공용되는 도로를 농도라고 한다.

농도는 농어촌도로의 한 종류다.

'농어촌도로정비법'에 의한 농어촌도로는 '도로법'에 규정되지 않은 도로로서 농어촌지역 주민의 교통편익과 생산, 유통, 활동 등에 공용되는 공로 중 '농어촌도로정비법'에 따라 고시된 도로를 말한다.

1. 면도 : '도로법'에 따른 군도 및 그 상위 등급의 도로와 연결되는 읍면 지역의 기간도로
2. 이도 : 군도 이상의 도로 및 면도와 갈라져 마을 간이나 주요 산업단지와 연결되는 도로
3. 농도 : 경작지 등과 연결되어 농어민의 생산활동에 직접 공용되는 도로

'도로법'에 의한 도로는 일반인의 교통을 위해 제공되는 도로로서 차도, 보

도, 자전거도로, 측도, 터널 등의 시설로 구성된 것으로 종류는 다음과 같다.

1. 고속도로 : 자동차교통망의 중축부분을 이루는 중요한 도시를 연락하는 자동차전용의 고속교통에 제공되는 도로
2. 일반국도 : 중요 도시, 지정항만, 중요 공항, 국가산업단지, 관광지 등을 연결하며, 고속국도와 함께 국가 기간도로망을 이루는 도로
3. 특별시도, 광역시도 : 특별시 또는 광역시 구역에 있는 자동차 전용도로, 간선 또는 보조간선 등을 수행하는 도로
4. 지방도 : 지방의 간선도로망을 이루는 도청 소재지에서 시청 또는 군청 소재지에 이르는 도로
5. 시도 : 시 또는 행정시에 있는 도로로서 관할 시장이 그 노선을 인정·지정한다.
6. 군도 : 군에 있는 군청 소재지에서 읍면사무소에 이르는 도로로서 관할 군수가 그 노선을 인정·지정한다.
7. 구도 : 특별시나 광역시 구역에 있는 도로 중 특별시도와 광역시도를 제외한 구 안에서 동 사이를 연결하는 도로로서 관할 구청장이 그 노선을 인정·지정한다.

'사도법'에 의한 사도는 '도로법'에 의한 도로(고속국도, 일반국도, 특별시도, 광역시도, 지방도, 시도, 군도, 구도), '도로법'의 준용을 받는 도로, '농어촌도로정비법'에 따른 농어촌도로(시도, 군도 이상 도로구조를 갖춘 도로에 한정), '농어촌정비법'에 따른 도로(시도, 군도 이상 도로구조를 갖춘 도로에 한정)가 아닌 것으로서 그 도로에 연결되는 길을 말한다.

사도는 특별자치시장, 특별자치도지사, 시장, 군수, 구청장 허가를 받아 개설하고 사도를 설치한 자가 관리한다.

086

건축물의
대지와 도로

안전한 대지란 다음과 같은 요건을 가진다.

1. 대지는 인접하는 도로보다 낮아서는 안 된다.
2. 습한 토지, 물이 나올 우려가 있는 토지 등 이와 유사한 곳으로 매립된 토지에 건축물을 건축하는 경우 성토, 지반개량 등의 조치가 필요하다.
3. 대지에는 빗물 및 오수를 배출하거나 처리하는 데 필요한 하수관, 하수구, 저수탱크 및 기타 이와 유사한 시설을 설치해야 한다.
4. 손괴 우려가 있는 토지에 대지를 조성하고자 하는 경우 옹벽 설치 등 필요한 조치를 해야 한다.

대지와 도로 관계

1. 건축물의 대지는 도로에 2m 이상 접해야 한다.
2. 연면적 합계가 2,000㎡ 이상인 건축물의 대지는 너비 6m 이상인 도로에 4m 이상 접해야 한다.

대지조성사업은 '주택법'에 의해 시행되는 사업으로 '주택단지'를 조성하기 위해 시행하는 것이다. 단독주택은 30호 이상, 공동주택은 30세대 이상, 면적 1만㎡ 이상 되는 대지조성사업을 시행하는 경우 '주택법'에 따라 사업계획승인을 받아야 한다.

주택단지

'주택법'에 의한 주택단지는 주택건설 사업계획 또는 대지조성사업계획의 승인을 받아 주택과 그 부대시설 및 복리시설을 건설하거나 대지를 조성하는데 사용되는 일단(一團)의 토지를 말한다.

다만, 다음 각 목의 시설로 분리된 토지는 각각 별개 주택단지로 인정한다.

1. 철도, 고속도로, 자동차전용도로
2. 폭 20m 이상인 일반도로
3. 폭 8m 이상인 도시계획예정도로
4. 도시·군 계획시설인 도로로서 주간선도로, 보조간선도로, 집산도로 및 폭 8m 이상인 국지도로
5. '도로법'에 의한 일반국도, 특별시도, 광역시도, 지방도

집산도로 : 근린주거지역의 교통을 보조간선도로에 연결해 근린주거지역 내 교통의 집산기능을 하는 도로로서 근린주거지역 내부를 구획하는 도로
보조간선도로 : 주간선도로를 집산도로 또는 주요 교통발생원과 연결해 시군 교통의 집산기능을 하는 도로로서 근린주거지역 외곽을 형성하는 도로
주간선도로 : 시군 내 주요지역을 연결하거나 시군 상호 간을 연결해 대량의 통과교통을 처리하는 도로로서 시군의 골격을 형성하는 도로

087

결국 토지 투자란
맹지와 대지 사이에 돈을 던지는 행위다

국토 분류 시 잠재력이 높아지는 지역과 잠재력이 낮아지는 지역으로 구분할 수 있는 건, 잠재가치의 도구가 바로 '노동력과 도로가치의 관계'이기 때문이다.

노동력은 젊은 노동력과 연만한 노동력으로 분류할 수 있는데, 전자의 경우 경험은 부족하지만, 신선도 만점의 인구고 후자의 경우는 경험이 풍부한 숙련도가 높은 인구다.

잠재가치는 노동의 가치와 연계되지만 젊은 인구와 연만한 인구가 조합이 되었을 때 비로소 그 힘이 극대화될 수 있는 것이다. 열정과 노련미의 조합, 화합이 지역경쟁력과 지속력을 높일 수 있는 동력이다. 독보적인 가치와 독선적인 건 다르기 때문이다.

무병장수 시대 연만한 노동력을 무시하면 큰코다칠 수 있다. 기회를 놓칠 수 있다. 경험은 위험을 줄일 수 있는 힘이다. 경험이라는 타이틀 + 솔루션은 수많은 시간 투자를 통해 발현하는 것이다. 경험을 통해 노하우 체득이 가능하다.

부동산 노하우란 '치료방법 또는 진단방법'의 다른 말이다.

국토 대부분이 맹지고 규제의 온상이기 때문이다. 부동산 노하우의 힘이 곧 해결방법이자 위기 대처능력이다. 문제해결 방안이 곧 노하우인 것이다.

치유(힐링)공간이 곧 국토. 난개발을 사전에 박멸할 수 있는 '희소가치의 힘을 모색'하는 것이 바로 투자자의 노하우(임무, 사명)다.

치유과정 = 개발과정

치유(자유와 내통 중)가 가능한 곳에는 용도지역이 변할 소지가 있다. 가령 비도시지역에서 도시지역으로 변할 수가 있다. 치유 및 개발과정을 통해 용도지역이 바뀔 수 있다. 잠재력 높은 지역은 용도지역이 변할 수 있다.

잠재력이 높아지는 지역의 노동인구의 가치가 높고 잠재력이 낮아지는 지역의 노인인구의 가치가 낮은 건, 노동인구는 생산가능인구이고, 노인인구는 비경제활동인구이기 때문이다. 이는 '일하는 노동인구'가 급증해야 하는 이유이고, 건강장수시대의 시대적 과업이다.

국토의 잠재력은 '터'를 통해 감지할 수 있다.

일터와 삶터와 놀이터 등을 통해 말이다.

일터는 상업 및 공업지역과 연결되고 삶터는 주거지역과 연결된다.

놀이터는 모든 녹지지역과 연동한다.

땅 가치의 도구

1. 인구의 양적 가치의 변화 – 가수요인구에 의해 가격이동현상이 벌어진다.
2. 개발계획 및 규모

도시의 기본 배치구도 = 도로의 가치 + 아파트단지의 가치 + 땅의 가치(녹지공간)

시골의 기본 배치구도 = 도로의 가치 + 조망권 + 전용주거지역

국토의 잠재력 차이는 맹지와 대지 사이를 통해 발견된다. 맹지가 대지로 바뀐다. 개발과정을 통해 택지가 완성되면서 가능한 시나리오다.

개발할 때는 맹지변화현상이 일어나고 대지의 존재감이 확연히 높아진다. 투자자가 대지와 맹지 사이(도로가치)를 정밀한 시각으로 보고 대지와 맹지의 차이를 알아보는 이유다.

땅 자체는 평면적이라 주변의 입체적 성격을 간접 체험을 해야 한다.

내 땅 인근의 대기업의 입성예정 소식 및 강력한 지주 능력을 통해 내 땅의 잠재능력을 테스트(체크)한다. 대도시는 전체가 그 영향력을 행사할 수 없다.

대도시 전체가 도시지역으로 구성된 서울 이외는 부분적으로 도시구조를 그린다.

088

부동산 활동에 따른
토지 분류법

부동산 활동에 따라 토지를 분류하면 다음과 같다.

택지(宅地) : 부동산 감정평가상의 용어로, 그 용도에 따라 주거용, 공업용, 상업용으로 건축물을 건축할 수 있는 토지

대지(垈地) : 지적법상의 용어로, 택지와 같은 의미가 있는 토지(공장용지는 제외, 공장용지는 그 지목을 달리해 감정평가상의 택지지만 지적법상의 대지는 아니다)

부지(敷地) : 건축용지 이외에 하천용지, 철도용 부지, 수도용 부지 등에 사용되는 포괄적 개념의 토지

공한지(空閑地) : 도시 내의 택지 중 지가상승만을 기대하고 장기간 방치한 토지

휴한지(休閑地) : 농토의 비옥도 회복을 위해 정상적으로 휴경하고 있는 토지

맹지(盲地) : 주위가 모두 타인 소유의 토지로 둘러싸여 도로에 직접 닿지 않는 한 획지의 토지로, 건축법상 건물을 지을 수 없는 토지

대지(袋地) : 어떤 택지가 다른 택지에 둘러싸여 공도에 연접되지 않은 토지로, 맹지와 달리 좁은 통로에 의해 접속면을 가짐으로써 자루형의 모양을 띠는 토지

법지(法地) : 법으로만 소유할 뿐 실익이 없는 토지로, 택지의 유효지표면 경계와 인접지 또는 도로면과의 경사진 토지

빈지(濱地) : 갯벌처럼 법으로 소유는 불가능하나 실익이 있는 바다와 육지 사이

의 해변 토지

소지(素地) : 토지 본래의 목적으로 사용되는 1차 산업용도의 토지로, 대지 등으로 개발되기 이전의 자연 그대로의 토지

선하지(線下地) : 고압전선 아래의 토지로, 선하지 감가에 의해 지상권 또는 임차권의 설정이 가능한 토지

포락지(浦落地) : 개인의 사유지로서 지반이 침식되어 전, 답 등이 하천으로 변한 토지

한계지(限界地) : 토지의 이용에 있어 최원방권(最遠方圈)에 있는 토지

089

경매와 공매의
차이점

부동산에 대한 경매 절차는 강제경매와 임의경매, 두 절차가 있다.

강제경매는 채무자 소유의 부동산을 압류한 다음 매각해서 그 매각대금을 가지고 채권자가 금전채권의 만족을 얻을 수 있도록 하는 절차다.

예컨대 채권자가 채무자를 상대로 승소판결을 받았는데도 채무자가 빚을 갚지 않은 경우가 있다. 이때 채권자가 채무자의 부동산을 압류하고 매각해 그 매각대금으로 빚을 받아내는 절차가 강제경매다.

임의경매는 일반적으로 담보권의 실행을 위한 경매를 말한다. 채무자가 채무를 임의로 이행하지 않는 경우 저당권 등의 담보권을 가진 채권자가 담보권을 행사해 담보의 목적물을 매각한 다음 그 매각대금에서 다른 채권자보다 먼저 채권을 회수할 수 있는데 이것이 임의경매다.

경매 절차는 목적물을 압류해, 현금화한 다음 채권자의 채권을 변제하는 3단계 절차로 진행한다.

공매는 금융기관이나 기업체가 가진 비업무용재산과 국세, 지방세 체납으로 인한 압류재산을 처분하는 것으로 한국자산관리공사가 시행한다.

공매 물건 가운데 가장 많은 비중을 차지하는 것은 금융기관이 기업체나 개인에게 대출해주고 약정기간 내에 돈을 회수하지 못해 매각 의뢰한 담보물이다.

국세징수법
제66조(공매) ① 관할 세무서장은 압류한 부동산 등, 동산, 유가증권, 그 밖의 재산권과 제52조 제2항에 따라 체납자를 대위하여 받은 물건(금전은 제외한다)을 대통령령으로 정하는 바에 따라 공매한다.

지방세징수법
제71조(공매) ① 지방자치단체의 장은 압류한 동산, 유가증권, 부동산, 무체재산권등과 제51조 제2항에 따라 체납자를 대위하여 받은 물건(통화(通貨)는 제외)을 대통령령으로 정하는 바에 따라 공매한다.

경매와 공매의 차이점은 경매는 개인 간의 채무관계를 정리하기 위해 대법원을 통해 재산을 매각하는 것이고, 공매는 압류 재산 또는 공기업, 금융기관 등의 재산을 한국자산관리공사를 통해 처분하는 것이다.

경매는 법원에 직접 참석해 현장에서 입찰하지만 공매는 특정기간 동안 인터넷(온비드)을 통해 입찰한다.

단 현장입찰, 수의계약은 제외한다. 유찰 시 경매는 최저가격이 20~30% 하락하고 공매는 공매예정가격의 최대 50%까지 매주 10%씩 하락한다.

또 다른 차이점은 채권상계신청이다. 경매에서는 가능하나, 공매 처분에서는 불가능하다.

민법

제493조(상계의 방법, 효과) ① 상계는 상대방에 대한 의사표시로 한다. 이 의사
표시에는 조건 또는 기한을 붙이지 못한다.

090

산지관리법과 농지법의
필요성과 실효성

임야나 농지 등 완성도가 몹시 낮은 토지를 통해 개발과정을 밟는 건 지극히 일상적이고 상식적이다. 경제 원칙을 고수하는 것이 투자의 법칙이기 때문이다.

산지관리법과 농지법이 존재하는 건 난개발 방지와 체계적인 개발과정을 통해 국토의 효율성을 극대화하는 데 그 목적이 있는 것이다. 효과적인 토지 이용방법을 적극적이고 구체적으로 제시하는 것이리라.

신도시 및 택지개발과정을 보면, 무에서 유를 창조하는 과정이라는 걸 목도할 수가 있을 것이다. 완성도 낮은 땅이 기회의 땅으로 전격 변한다. 그게 큰 이득이기 때문이다.

산지관리법의 존재 이유와 산지의 구분법

산지관리법의 목적도 위에서 제시한 사안과 별반 다르지 않다.

완성도 낮은 토지(산지)를 보호하되 토지 이용의 극대화를 통해 국민경제의 발전과 국토환경을 새롭게 정립하는 것이다.

산지의 구분도 이와 같은 이치. 효율적인 산림관리를 도모하기 위해 산지 이용목적에 따라 보전산지와 준보전산지로 구분한다.

1. 임업용산지 : 집약적인 임업생산기능의 증진이 존재의 이유다.

   채종림, 시험림, 임업진흥권역 등 산림경영에 적합한 산림 중 대통령령이 정하는 산림이 이에 해당한다.
2. 공익용산지 : 산림의 공익기능과 임업생산기능의 증진이 존재의 이유다.

   보안림, 산림유전자원보호림, 휴양림, 사방지(砂防地), 산지전용제한지역, 조수보호구역, 공원, 문화재보호구역, 사찰림, 상수원보호구역, 개발제한구역, 보전녹지지역, 생태계보전지역, 습지보호구역, 특정도서지역 및 기타 대통령령이 정하는 산림이 이에 해당한다.

준보전산지는 보전산지 이외의 산림으로서 임업생산, 농림어민의 소득기반 확대 및 산업용지의 공급이 존재 이유다.

규제수위는 공익용산지가 높고 광범위하다. 보전산지를 전용하고자 하는 자는 그 용도를 정해 산림청장의 허가를 받아야 한다.

임야 대비 농지(전, 답, 과수원, 목장용지)는 소유가 자유롭지 못하다. 임야는 악산만 아니라면 소유의 개념이 강하나, 농지는 소유제한이 심하다. 농지는 자기의 농업경영에 이용하거나 이용할 자가 아니면 소유하지 못한다.

산지에 공익용산지와 임업용산지가 있듯 농지에는 농업진흥구역과 농업보호구역이 있다.

규제 수위를 따진다면 농지 규제가 산지 대비 심하다. 농지법은 실수요가치를 100% 따라야 하기 때문이다. 농지법은 마치 토지 거래허가구역을 지정한 것처럼 규제가 강하다. 토지를 절대로 투자 목적으로 가지고 있지 말고 당장 사용하라는 명령이 바로 농지법과 토지 거래허가구역의 지정인 것이다.

전통적인 농경 국가의 잔재(!)가 함부로 사멸되지는 않을 것이다.

1기 신도시가 있어 2기 신도시가 출생한 것처럼 1차 산업인 농업은 2차 산업을 출현시켰다. 고로 농지법은 영원불멸한 좋은 제도적 장치이자 법률적 장치다.

091

가로구역별 최고높이 제한지역과 지구단위계획

가로구역별 최고높이 제한지역은 가로구역별로 주변 환경과 조화를 이루는 건축물 건축을 유도하기 위해 지정하며, 이때 다음의 사항을 고려한다.

1. 도시·군 관리계획 등의 토지 이용계획
2. 해당 가로구역이 접하는 도로의 너비
3. 해당 가로구역의 상하수도 등 간선시설의 수용능력
4. 도시미관 및 경관계획

최고높이

지구단위계획에 의해 지정된 높이 이하로 건축해야 하는 높이를 말하며, 건축물은 지정된 높이를 넘어 건축할 수 없다.

지구단위계획에서는 건축물의 최고높이를 층수와 병행해서 지정할 수 있으며, 건축물의 수용기능, 구조, 미관, 주변 환경과의 조화 등을 함께 고려해 지정한다.

건축물의 최고높이는 다음과 같이 최고높이의 규제가 필요한 경우에 지정한다.

1. 도로에 접한 벽면의 높이와 폭이 이루는 비율이 적절하게 형성되고 균형을 이루어 건축물 높이에 균일성을 주고자 하는 경우
2. 이면도로 또는 주거지의 경계에 대규모 건축물이 들어섬으로써 이면도로에 과부하를 주거나 주거환경에 침해를 주는 것이 예상되는 경우
3. 문화재주변, 상업지역과 일반주거지역의 경계 등과 같이 개발규모에 현저한 차이가 발생하는 전이부분이 있는 경우

최저높이

지구단위계획에 의해 지정된 높이 이상으로 건축해야 하는 높이를 말하며, 건축물은 지정된 높이 이상으로 건축해야 한다.

지구단위계획에서는 건축물의 최저높이를 층수와 병행해 지정할 수 있으며, 건축물의 수용기능, 구조, 미관, 주변 환경과의 조화 등을 함께 고려해 지정한다.

건축물의 최저높이는 다음과 같이 최저높이의 규제가 필요한 경우에 지정한다.

1. 간선도로변 또는 주요결절점에 규모가 작은 건축물이나 저층건축물이 난립되어 적정한 토지 이용 밀도를 유지하지 못하거나 현저하게 경관 저하가 예상되는 경우
2. 주변경관이나 가로경관과 조화를 이루지 못하고 어지러운 스카이라인이 형성될 것이 예상되는 경우

지구단위계획은 유사한 제도의 중복 운영에 따른 혼선과 불편을 해소하기 위해 종전의 '도시계획법'에 의한 상세계획과 '건축법'에 의한 도시설계제도를

도시계획체계로 흡수, 통합한 것이다. 이 중 제2종 지구단위계획은 비도시지역의 난개발 문제 해소와 계획적, 체계적인 관리를 위해 '국토이용관리법'과 '도시계획법'이 '국토의 계획 및 이용에 관한 법률'로 통합되면서 도입된 제도다.

지구단위계획에는 기반시설의 배치와 규모, 건축물의 용도제한, 건축물의 건폐율, 용적률 최고한도 또는 최저한도 등의 내용이 포함되어야 한다. 다음과 같은 사항을 고려해 수립한다.

1. 도시의 정비, 관리, 보전, 개발 등 지구단위계획구역의 지정 목적
2. 주거, 상업, 유통, 관광휴양, 복합 중 지구단위계획구역의 중심 기능
3. 해당 용도지역의 특성
4. 해당 지역 및 인근 지역의 토지 이용을 고려한 토지 이용계획과 건축계획의 조화

092

반복적인 임장활동이
필요한 이유

　반복적인 임장활동을 하는 이유는 '확실한 발견'을 위해서다. 답사 이후 아무것도 발견을 못 했다면 그건 실패한 답사다.

　임장활동을 발명(직접 개발)의 수단으로 여기는 자는 실수요자다. 투자는 '기획의 과정'이기 때문이다. 발명의 과정은 창조의 여정으로, 창조의 의미는 개발청사진을 그리는 것이다. 이를테면 신도시 개발은 투자자가 아닌 위정자의 몫이다.

　답사 중 발견을 하는 건 투자자에 해당한다. 매번 새로운 형식의 지역 랜드마크를 발견한다. 변하지 않는 곳은 투자 가치가 낮거나 없기 때문이다.

　투자자가 보는 것과 실수요자가 보는 입장 차가 크다. 투자자는 위정자와 개발자의 개발 사고를 바로 인지해야 한다. 그래야 시행착오를 사전에 막을 수 있다. 다만 개인적으로 전용과정을 밟는 것도 발명의 순간, 창조의 일부분이다. 답사 중 발견할 것은 입지상황이다.

　개별적으로 창조(발명)할 수 있는 건, 산지 및 농지전용과정을 밟는 것이다. 전 국토의 약 85%가 산지 및 농지로 구성되어 있다. 그래서 다양한 창작활동이 가능한 것이다. 논과 밭을 개발하는 과정(창작과정)은 농지전용과정이다. 강과 바다 등 물을 개발(창조)하는 것은 공유수면매립이다.

탁월한 물과 산의 입지상태를 발견하는 건 개발자의 사명이다. 입지상황을 판단(판별) 하는 건 이론을 통해서는 불가능하다. 1,000번의 이론과 간접경험보다 10번의 현지답사가 낫다. 답사는 '공간과 시간을 목도' 할 수 있는 기회이기 때문이다.

(예) '투자 제한지역(공간)'과 '투자 제한시간'을 발견할 기회

이 두 가지는 반드시 연결된다.
투자 제한지역과 투자 제한시간을 통해 가치를 모색할 수가 있다.

가치와 가격의 차이를 살펴보겠다. 가치는 발견의 대상이지만 가격은 발견대상에서 제외된다. 시시각각으로 변질되는 게 가격이라 가격은 마치 시간과 같다. 매일 매번 움직인다.

가치는 변화의 대상이지만 가격은 변질의 대상이다. 가치와 가격의 단절은 마치 상식(지식)과 지혜의 단절과 같다. 지식과 지혜의 차이는 확연하다. 지식은 기초, 기본을 의미하고 지혜는 기준과 철학을 의미하기 때문이다. 지식으로 투자하면 위험하다.
지식을 토대로 제대로 된 컨설팅을 받아야 한다.

자연과 사람에게는 공통점이 한 가지 있다.
'보호'의 개념이 강하다는 것이다. 개인의 재산(경제적)과 건강(신체적)상태를 지켜야 한다. 재산은 단기규제를 통해 일부 통제가 가능하다.
(예) 개발행위허가제한지역

건강은 장기규제를 통해 통제할 수 있다. 단기규제와는 다르다.

(예) **상수원보호구역**

대자연을 통한 규제+통제+자제가 없었다면 이미 인간은 다 죽었다.

인간과 자연이 분리된 상태는 마치 입지상태가 맹지와 같은 것이다. 인간과 자연이 합치된 상태가 바로 최고의 희소가치다.

(예) **전원도시**

강남의 특성 : 강한 희소성 보유(누구와도 대적 못하는 상태)

10억 원 이하의 아파트의 특성 : 낮은 희소성

30억 원 이상의 아파트의 특성 : 높은 희소성이 지역 랜드마크

큰 손이 많은 곳과 작은 손이 많은 곳, 이 두 곳을 이어주는 도구(노하우)를 발견하는 것이 바로 투자자의 몫이다.

093

부동산 문제의 특성

1. 악화성향

부동산 문제는 한번 발생하면 시간의 흐름에 따라 악화되고 이를 바로 잡기 힘들다.

⑴ 지가대책을 소홀히 하면 지가가 올라 산업, 경제, 주택공급 등에 악영향을 미친다.

⑵ 주택공급을 중단하면 주택의 질적 양적가치에 문제가 발생한다.

⑶ 토지 이용의 규제를 소홀히 하면 스프롤(Sprawl)현상이 확대된다.

2. 비가역성

부동산 문제가 일단 악화되면 사회적, 경제적, 기술적으로 완전회복이 불가능하다.

⑴ 도시계획, 토지 이용계획, 도시개발 등은 한번 실패하면 이를 과거의 상태로 원상복구하기가 힘들다.

⑵ 지표의 토양이 한번 파괴되면 인위적으로 다시 환원하기가 불가능하고 많은 경제적 비용이 소요된다.

⑶ 지가가 폭등하면 지가수준에서 경제상태가 형성되므로 과거 지가수준의 경제상태로 되돌리기가 힘들다.

3. 지속성

부동산 문제는 시간의 흐름과 함께 계속해서 나타난다.

⑴ 부증성의 특성이 있는 토지의 수요증가는 수급불균형의 현상을 지속시킨다.

⑵ 토지 이용은 중단될 수 없다. 토지는 모든 시설물의 재료이기 때문이다.

⑶ 도시성장 및 도시기능의 진부화 등 도시문제에서 파생되는 다양한 부동산 문제는 그 원인이 지속적인 것처럼 그 문제도 지속적으로 나타난다.

4. 복합성

부동산 문제는 법률적, 경제적, 기술적 측면 등의 다양하고 복합적인 원인에 의해 발생한다.

5. 해결수단의 다양성

부동산 문제는 복합적 요인에 의해 발생하므로 하나의 부동산 문제를 해결하기 위한 정책적 수단도 다양하게 나타난다.

스프롤현상
난개발의 한 종류로, 도시 발전 초기에 일어나며 교외지대가 무계획적이고 비효율적으로 팽창하는 현상이다.

(예)

1. 도심의 부동산 가격이 비싸짐에 따라 교외지역으로 주거와 산업이 밀려나거나 교외에 계속 단독주택 단지가 뒤죽박죽으로 생기는 경우

2. 도시지구들의 흥망성쇠에 따라 땅만 차지한 낙후지대가 무한정 늘어나는

경우

3. 녹지라는 개념을 없애버리는 경우, 무계획적으로 도시가 수평 팽창하는 경우가 전부 스프롤현상에 해당

토지 정책의 수단

1. 토지 이용규제 : 개별 토지 이용자의 토지 이용행위를 사회적으로 바람직한 방향으로 유도하기 위해 법률적, 행정적 조치에 따라 구속하고 제한하는 방법이다.

(예) 건축 규제, 지역지구제, 토지 이용계획 및 도시계획

2. 직접적 개입 : 정부나 공공기관이 토지 시장에 직접 개입해 토지에 대한 수요 및 공급자의 역할을 적극적으로 수행하는 방법이다.

(예) 도시재개발, 공영개발

3. 간접적 개입 : 기본적으로 시장기구의 틀을 유지하면서 그 기능을 통해 소기의 효과를 거두려는 방법이다.

(예) 토지 개발 및 이용에 대한 각종 금융지원

094

역사문화환경
특별보존지구

　역사문화환경 특별보존지구는 고도의 역사적 문화 환경의 보존상 중요한 지역으로 원형이 보호되어야 하는 지구에 대해 '고도 보존 및 육성에 관한 특별법'에 따라 지정·고시된 지구를 말한다.

　경주, 부여, 공주, 익산 등과 같이 고대국가 도읍지로 오래 지속되었던 고도는 과거 문화유적이 복합적으로 산재해 있어 문화적 보고로 인정받고 있으며, 이러한 고도의 역사적 문화 환경을 효율적으로 보존하고자 도입된 제도다.

　특별보존지구에서는 다음에 해당하는 행위를 할 수 없다.

1. 건축물이나 각종 시설물의 신축, 개축, 증축, 이축, 용도변경
2. 택지의 조성, 토지의 개간, 토지 형질변경
3. 수목을 심거나 벌채, 토석류의 채취 및 적치행위
4. 도로의 신설, 확장, 포장
5. 토지 및 수면의 매립, 땅 파기, 흙 쌓기, 구멍 뚫기 등 지형 변형 행위
6. 수로, 수질, 수량을 변경시키는 행위
7. 소음, 진동을 유발하거나 대기오염물질, 화학물질, 먼지 등을 방출하는 행위
8. 오수, 분뇨, 폐수 등을 살포, 배출, 투기하는 행위

고도

'고도 보존에 관한 특별법'에 의한 고도는 우리 민족의 정치, 문화의 중심지로서 역사상 중요한 의미를 지닌 경주, 부여, 공주, 익산 등의 지역을 말하며, 역사문화환경 특별보존지구와 역사문화환경 보존육성지구로 구분해 지정, 관리한다.

1. 역사문화환경 특별보존지구 : 고도의 역사적 문화 환경의 보존에 핵심이 되는 지역으로 그 원형을 보존하거나 원상이 회복되어야 하는 지역
2. 역사문화환경 보존육성지구 : 고도의 원형을 보호하기 위해 추가적인 조사가 필요한 지역이나 역사문화환경 특별보존지역 주변의 지역 등 고도의 역사문화환경을 보존·육성할 필요가 있는 지역이다.

건조물의 외부형태를 변경시키지 않는 내부시설의 개보수 등 다음에 해당하는 행위는 허가를 받지 않고 할 수 있다.

1. 건조물의 외부형태를 변경시키지 아니하는 내부시설의 개보수
2. 60㎡ 이하 토지의 형질변경
3. 고사한 수목의 벌채
4. 그 밖에 시설물의 외형을 변경시키지 아니하는 개보수

095

기획 부동산 회사의 성질을 모르면 땅 투자하지 마라

　토지 투자자가 반드시 기획 부동산 회사의 속살을 알아야 하는 것은 기획 부동산 회사가 그린벨트, 맹지, 지분거래와 관련 있는 집단이기 때문이다.

　기획 부동산 회사는 규제 있는 땅과 맹지를 취급한다. 그러나 규제가 있다고 무조건 나쁜 건 아니다. 맹지도 마찬가지다. 입지라는 대형변수가 숨어 있기 때문이다. 토지 투자자는 전 국토의 과거를 알아볼 이유가 다분하다. 전 국토의 과거는 무조건 맹지천국이었기 때문이다.

　오로지 맹지였던 건 인구가, 인간이 없었기 때문이다. 맹지 사용자가 없었거나 맹지 사용을 엄두를 내지 못했던 것이다. 노하우 부재가 문제다. 맹지를 반드시 지금 공부해야 하는 이유다. 맹지는 대지의 과거다. 도로의 과거가 맹지인 셈이다. 서울의 과거는 시골이었다. 도시 속 녹지공간이 아직도 잔존하는 이유다.

　변신의 마술사가 도로다. 강남과 강북의 차이는 도로의 차이다. 도로에 의해 용적률이 달라지기 때문이다.

　도로의 차이 : 용적률의 차이로 점철

맹지 입지를 볼 수 있는 안목이 곧 토지 투자 노하우인 셈이다.

대지에 투자하는 경우는 100% 실수요명분이다. 물론 대지의 입지도 중요하다. 단독필지가 무조건 좋다고 말하는 자나 대지가 무조건 좋다고 말하는 자는 위험한 인물이다. 세상 보는 눈이 너무 좁기 때문이다. 융통성이 전무하다.

선입견이라는 자신만의 감옥에 갇힌 지옥생활을 청산하는 것이 지상과제다.

현재가치의 온상, 대상 : 대지
미래가치의 온상, 대상 : 맹지
용도변경에 관한 기대감을 갖게 하는 대상 : 녹지공간
㈜ 인구가 증가하는 곳에 존속하는 자연녹지지역이나 생산녹지지역은 주거지역으로 변신할 공산이 높다.
토지 투자자가 맹지와 규제, 그리고 용도를 모르면 안 되는 이유 ≒ 기획 부동산 회사의 특징을 모르면 안 되는 이유

모두가 연동, 연결된다. 하나의 작은 실수가 추후 큰 실수(실패)가 될 수 있다. 입지가 좋은 맹지는 개발의 가능성이 크다. 도로개설의 가능성이 큰 것이다. 규제 강도가 낮은 맹지도 잠재가치가 높다. 이를테면 그린벨트 해제공간으로 변신해 그 자리에 신도시 및 택지개발이 이루어질 가능성이 크다.

용도변경이 가능한 맹지는 인구가 꾸준히 증가해 녹지가 주거지로 변경된다.

맹지의 특성 : 개별성이 강하다.
용도와 규제의 특성 : 개별성은 약하나, 공익성이 강하다.

용도가 변경되거나 규제가 풀리면 맹지도 덩달아 변한다. 맹지 안에 용도나 규제가 포함된 지경이기 때문이다. 세상은 녹지 안에 주거지역이 기생하는 구

조다. 주거지의 과거 역시 녹지였기 때문에 가능한 시나리오다. 녹지가 변해 주거지가 된 것이다. 의식주의 주(住)와 직결된다.

지분거래의 의미도 잘 알아봐야 한다. 잘못 알아보면 오해하기 때문이다. 좋은 땅을 소액으로 만날 기회가 지분거래다. 지분, 맹지는 규제와 무관하다. 앞에서 설명했듯 지분은 민법과 연동하고 맹지는 개인적으로 도로 개설할 기회의 땅이기 때문이다. 즉, 개인적으로 환금성을 높일 수 있다.

맹지는 항시 두 가지로 분화한다. 변신이 가능한 맹지와 평생 병신으로 살아가야 하는 맹지로 말이다. 국토의 과거는 맹지였기에 지금도 규제와 관련된 땅을 공부하는 것이다.

기획 부동산 회사의 '기'는 기회다. 기적이 일어날 수가 있기 때문이다. 기생의 의미도 내포되어 있어 지극히 이중적이다.

096

개발촉진지구와
개발진흥지구

개발촉진지구는 낙후지역의 소득기반 조성 및 생활환경 개선을 위해 국토교통부가 주관해 실시하는 지원 제도다.

1994년 '지역균형 개발 및 지방중소기업육성에 관한 법률(이하 지역균형개발법)'에 의해 추진된 낙후지역 개발과 지역 간 균형발전을 위한 것이다.

낙후지역 선정 지표는 인구밀도, 연평균 인구변화율, 도로율, 지역접근성 등 특성지표 4개이며, 공동지표와 특성지표 모두에서 1개 이상의 지표가 전국 시군의 30%인 경우에 낙후지역으로 지정된다.

개발촉진지구로 지정되면, 재정지원과 행정지원, 조세감면의 혜택이 주어진다. 개발촉진지구는 지역특성에 따라 낙후지역형, 균형개발형, 도농통합형 등 3개 유형으로 개발된다.

낙후지역형은 지역경제활성화와 일자리 마련을 위한 지역소득 증대사업 위주의 지원에 초점을 둔다. 균형개발형은 광역개발권역에 속하는 지역이다. 교통망 등 입지여건이 양호한 지역 중 지역 간 균형발전을 위해, 특히 민간자본을 유치해 집중적인 개발이 필요한 지역을 지정해 지원한다. 도농복합형은 지역산업이 급속히 쇠퇴해 새로운 소득기반 조성이 필요한 지역에 대해 인근 도시지역과 연계해 개발이 필요한 경우 지정해 지원한다.

수도권정비계획법 제2조에 따라 수도권에는 개발촉진지구를 지정할 수 없다.

전국적으로 다른 지역보다 낙후한 지역의 개발을 촉진하기 위해 '지역균형개발법'에 따라 지정한다. 지난 2001년 3월 강원특별자치도 횡성군, 춘천시, 전라남도 화순군, 강진군, 경상남도 함양군이 새로 개발촉진지구로 지정되어 수도권과 제주도를 제외하고 개발촉진지구로 지정된 지역은 총 35개다(2001년 6월까지).

일단 개발촉진지구로 지정되면, 해당 도별로 지역특성에 맞게 개발계획을 수립하고, 수립된 개발계획은 관계부처와 협의해 최종 결정한다.

지역개발사업을 하고자 하는 시행자에게는 토지 수용권이 부여되며, 시행계획을 승인받은 후 도로점용 및 보전임지전용허가 등 22개 인허가가 면제된다.

사업시행으로 취득하는 토지에 대해 면제는 물론, 재산세의 50% 감면혜택을 받는다. 낙후지역에는 지구당 500억 원의 국고를 별도 지원해 필요한 기반시설을 설치하게 된다.

개발촉진지구 및 개발을 통해 얻게 되는 이점은 지역기반시설 확충, 지역특화사업 및 관광사업개발 등 지역경제 기반조성과 지역 간 균형개발을 꾀할 수 있다는 것이다. 그러나 실효성은 아직까지 미지수다.

> **토지 수용권**
> 정부가 사유지를 필요에 따라 몰수할 수 있는 권한이다.

고속도로, 댐, 철도 등 사회기반시설, 공공시설 등을 신축할 때 특별법 제정을 통해 토지를 강제로 매입할 수 있는 권한을 말한다.

개발진흥지구 : 주거, 상업, 공업, 유통·물류, 관광·휴양기능을 집중적으로 개선할 이유가 있는 지구다. '국토의 계획 및 이용에 관한 법률'에 따라 도시·군 관리

계획으로 결정·고시되었다.

1. 주거개발진흥지구 : 주거기능 중심으로 개발, 정비한다. 취락지구 중에서 향후 주거지역으로 발전할 가능성이 있는 곳에 지정한다.
2. 산업개발진흥지구 : 공업기능 중심으로 개발, 정비하되, 공해 없는 첨단산업 육성 및 유치에 집중적으로 지원한다.
3. 유통개발진흥지구 : 유통 물류의 기능을 중심으로 개발, 정비한다.
4. 관광휴양개발진흥지구 : 관광·휴양기능 중심으로 개발, 정비한다. 자연생태계 보호가 필요하므로 채종림, 보안림 등의 지역은 특별한 사유가 없으면 지정대상에서 제외한다.
5. 복합개발진흥지구 : 주거, 공업, 유통·물류, 관광·휴양기능 중 둘 이상의 기능을 중심으로 개발, 정비할 필요가 있는 지구로서 복합개발의 상승효과가 기대되는 지역에 지정한다.
6. 특정개발진흥지구 : 주거, 공업, 유통·물류, 관광·휴양기능 외의 기능을 중심으로 '특정한 목적'을 위해 개발, 정비할 필요가 있는 지구

도시지역 외에 지정된 개발진흥지구 안에서는 건폐율과 용적률의 최대한도는 각기 40% 이하, 100% 이하의 범위 안에서 통용된다.

'도시·군 관리계획수립지침'에서는 자연환경보전지역(관광 · 휴양개발진흥지구는 제외), 상수원보호구역, 특별대책지역(폐수배출시설 외의 시설이 입지하는 경우는 제외), 접도구역, 문화재보호구역, 자연생태계보전지역 등에는 개발진흥지구 지정을 할 수 없도록 제한하고 있다.

용도지구의 분류 : 고도지구, 방화지구, 방재지구, 보호지구, 취락지구, 개발진흥지구, 특정용도제한지구, 복합용도지구

용도지구의 세분화 : **경관지구**(자연경관지구, 시가지경관지구, 특화경관지구) **방재지구**(시가지방재지구, 자연방재지구), **보호지구**(역사문화환경보호지구, 중요시설물보호지구, 생태계보호지구), **취락지구**(자연취락지구, 집단취락지구), **개발진흥지구**(주거, 산업, 유통, 관광·휴양, 복합 및 특정개발진흥지구)

개발촉진지구는 용도지구 안에서의 분류 및 세분화에 포함되지 않는다. 사용용도와 지향하는 목적과 개체가 다르기 때문이다.

097

대한민국 경제자유구역과 지방자치단체

    지방자치시대지만 지역불균형현상은 여전히 지속되어 지역별로 가치차이가 너무 크다.

    지역명성 정도에 따라 지역 랜드마크도 다양하게 분출하는 것이 현실이다. 경제자유구역지정이 그 좋은 실례다.

    대한민국 경제자유구역도 국가 주도의 신도시개발처럼 구체적 분류가 가능해 1기, 2기 등으로 분기된다. 역사적이고 도식적이다.

1기(2003년 지정) : 인천경제자유구역 인천광역시

2기(2003년 지정) : 부산진해경제자유구역 부산광역시, 경상남도

                            광양만권경제자유구역 전라남도

3기(2008년 지정) : 경기경제자유구역 경기도

                            대구경북경제자유구역 대구광역시, 경상북도

4기(2013년 지정) : 충북경제자유구역 충청북도

                            강원경제자유구역 강원특별자치도

5기(2020년 지정) : 광주경제자유구역 광주광역시

                            울산경제자유구역 울산광역시

경제자유구역의 지정 및 운영에 관한 특별법

제2조(정의) 1. '경제자유구역'이란 외국인 투자 기업의 경영환경과 외국인의 생활여건을 개선하기 위하여 조성된 지역으로서 제4조에 따라 지정·고시되는 지역을 말한다.

2002년 '경제자유구역의 지정 및 운영에 관한 법률'을 제정한 이후 2003년부터 실시한 제도다.

20세기 후반 중국이 상하이와 선전에 경제특구를 설치해 급속도로 발전하는 것을 우리 정부는 이를 적극적으로 모방해서 조성하게 되었다.

2003년 초기에 재정경제부(현 기획재정부) 소관이었으나 2008년 지식경제부(현 산업통상자원부) 소관으로 넘어간 것이 지속화되고 있는 것이다.

참여정부시절인 2003년 3곳, MB정부 시절인 2008년 3곳, 박근혜 정부시절인 2013년 2곳을 지정했다.

1기 지정일 : 2003년 8월 11일
인천경제자유구역 : 송도국제도시, 영종국제도시, 청라국제도시

2기 지정일 : 2003년 10월 30일
부산진해경제자유구역, 광양만권경제자유구역

3기 지정일 : 2008년 5월 6일
경기경제자유구역, 대구경북경제자유구역

4기 지정일 : 2013년 2월 4일
충북경제자유구역, 강원경제자유구역

5기 지정일 : 2020년 6월 3일

광주경제자유구역, 울산경제자유구역

이 중에 인천경제자유구역은 수도권의 투자 지구로서 연수구의 송도국제도시, 중구의 영종국제도시, 서구의 청라국제도시가 있는데 면적은 123.65㎢에 인구규모 446,349명을 자랑하고 있다.

지방자치시대 지방자치단체의 개성과 개선에 집중할 때다. 지난 참여정부 때의 모토였던 국토균형발전은 불가능하나, 각기 지역개성을 살리는 건 가능하다.

지방자치단체

지방자치법 제2조에 따라 지방자치단체의 종류는 광역자치단체와 기초자치단체로 분기, 대별할 수가 있다.

광역자치단체는 전국에 17개(1특별시 + 6광역시 + 1특별자치시 + 3특별자치도 등)이며 기초자치단체는 226개(75자치시 + 82자치군 + 69자치구)가 있다.

특별시와 광역시에 있는 구는 자치구이며, 기초자치단체인 시에 속해 있는 구는 행정구다.

자치구는 주민이 직접투표로 뽑지만 행정구는 시장이 구청장을 임명한다. 제주특별자치도와 세종특별자치시는 따로 기초자치단체를 두지 않는다. 제주시와 서귀포시는 행정시로 자치시가 아니다.

세종시의 경우 아예 행정시와 행정구가 없다. 읍면동을 직접 관할하는 단층형 광역자치단체다.

지방자치단체의 단위

광역자치단체 : 특별시(서울특별시가 유일), 광역시, 특별자치시(세종특별자치시가 유일), 도, 특별자치도

기초자치단체 : 자치시(제주특별자치도의 제주시와 서귀포시는 기초자치단체가 아니라 행정시라서 시장이 주민의 선출에 의한 민선직이 아닌 도지사 임명의 관선직이다), 군, 자치구(서울특별시 중구, 부산광역시 연제구 등. 특별자치시는 산하에 기초자치단체를 두지 않는 단층형 광역자치단체이므로 자치구가 없다)

특례시는 지방자치단체의 단위가 아니라 도농복합시처럼 자치시를 구분하는 유형에 불과하다. 따라서 '특례시' 대신 거대도시로 명명해야 할 것이다.

자치단체의 예하 행정구역 : 행정시(제주특별자치도 제주시, 서귀포시), 행정구(제주특별자치도와 대도시 특례를 받는 일부 도시에만 존재), 읍면동(법정동, 행정동)

098

이기는 투자를 위한
4대 명제

토지 투자의 4대 명제

1. 타이밍('기회의 주인'이 되는 시간)

(범례) 서해선 완성 이후의 땅값과 지금의 땅값의 차이는 현격할 것이다.

품격 및 풍광부터가 확 달라질 게 분명하기 때문이다.

지금 공격적으로 움직여야 하는 이유다.

땅값은 '지금'이 가장 싸다.

투자를 내일로 함부로 미루지 말아야 하는 이유다.

기회는 시간과 직결된다. 유효기간이 지난 식품과 음식을 먹으면 육체적 건강에 위험한 것처럼 유효기간(개발기간) 지난 작품(도시)에 투자하는 건 경제적 건강에 위험하다.

2. 트렌드(흐름, 기회의 땅)

(예) 아파트 거래량이 줄자 힐링 부동산이 대세

3. 입지와 공간

(예) 인구증가지역과 감소지역의 현격한 가치 차이

4. 비교분석능력

(범례) 망언과 명언의 차이≒긍정(건강한 비판)과 병든 비판의 차이

망언을 습관적으로 하는 자와 명언을 습관적으로 경청하는 자의 차이는 성공과 실패의 차이로 점철된다. 만족스러운 투자와 불만족스러운 투자로 점화되는 것이다.

(비교분석의 범례)

간척과정과 건축과정을 이해하는 방도 : 간척과 건축은 개발의 두 가지 의미를 품고 있으나 항상 연동한다.

간척과정 : 경기도 화성 평택 일대에서 활발하게 이루어질 수 있는 건 바로 바다의 높은 존재감과 현장감 때문이다.

건축과정 : 경기도 화성 평택 일대에서 활발하게 이루어지고 있다.

인구의 다양성과 다변화가 가능한 공간이기 때문이다.

인허가 과정이 다른 지역 대비 많다.

바다가 있는 지역의 강점은 간척과정을 통해 새로운 모드의 도로와 도시 등을 동시에 개발할 수 있다는 점이다.

도로개설이 되면 땅값이 급등하고 도시가 건설되면 땅값이 폭등한다. 간척과정은 '바다의 건축과정'이기 때문이다.

건축과정과 간척과정의 차이는 일반도로를 통해 개발하는 건축과정과 달리 간척과정의 바탕화면은 바다라는 점이다.

가치기준을 정확하게 조율하는 방법

(범례) 출산율과 용적률의 중요도

두 가지 사안 중 출산율이 더 중요하다. 용적률은 사치가 될 수 있지만(양적 가치) 출산율은 국가의 미래가치와 직결되기 때문(질적가치)이다.

용적률이 높으면 공실률이 높아질 수 있지만, 출산율이 높으면 공실률이 낮아지기 때문이다.

099

토지 투자의 기본정신과
자본정신

부동산 매수자는 부동산 관련 책을 이미 접해본 사람이다. 물론 그런 일 없이 그냥 부동산을 사는 무지한 사람들도 없는 것은 아니지만, 대다수 부동산 매수자들은 부동산 관련 책을 접한 경험자다.

다만 실수요자와 투자자가 읽어야 할 책은 다르다. 실수요자에게 당장 필요한 건 교과서요, 투자자에게 필요한 책은 참고서이기 때문이다. 즉, 실수요자는 상수 책 중 하나인 부동산 공법에 의해 움직여야 할 것이고 투자자는 변수 책인 노하우 책을 접해야 옳다.

교과서는 부동산 교수가 쓴 투명성이 높은 책이고 참고서는 부동산 고수 손에 의해 조성된 미래가 불투명한 책이다. 미래예측과정은 반드시 무리수가 따르기 때문이다.

투자자는 교과서를 통독한 후 참고서를 접해야 투자 행로가 안전하다. 그 통에 토지이용계획확인원을 확인하는 방법과 사용법을 알게 된다.

실수요가치가 투자 가치를 분출하듯 교과서를 통해 좋은 참고서를 선택할 수 있는 기준이 마련되는 것이다. 이게 순리다. 순서를 놓치면 성공과 만족을 놓친다.

수능시험에 대비해 공부 과정을 밟고 있는 수험생이 만약 교과서보다 참고서를 먼저 접한다면 시험에 낙방할 확률이 높다. 이는 학교교육(공교육)을 전면 무시한 채 학원교육(사교육)에 몰입하는 교육 불균형현상에 놓일 수 있어 위험스럽다.

시험 잘 보는 방법을 알려주는 곳이 입시학원이다. 시험기계를 산출하는 곳이다.

과정이야 어찌 됐건 무조건 합격확률만 높으면 그 학원은 대한민국 최고의 학원으로 인정받는다. 평가방법이 참 더럽다.

그러나 학교는 다른 의미가 있다.

인간교육과 인성교육을 참교육이라고 말하지 시험교육과 사교육을 참교육이라고 말하지 않는다. 학교는 교육 1번지지만 학원은 사육장에 근접하다. 기계적이기 때문에 하는 말.

부동산에서도 이와 비슷한 일들이 벌어진다.

공인중개사학원은 교육의 장소지만 기획 부동산 회사는 사육 장소에 근접하다. 쓸모 있는 기획 부동산 회사를 선택할 수 있는 능력이 필요한 이유이리라. 현장에서의 공인중개사 브리핑 내역과 기획 부동산 회사 브리핑 내역을 비교해보라.

악덕업자 중에는 고객을 사육의 대상으로 삼는 경우가 있다. 분위기에 만취되어 함락당하는 고객이 있다. 돈벌레(그리마), 돈의 노예가 된다.

과거 모양새와 현재의 모습을 기술, 기록한 책은 상수 책이다. 고정적이고 고집불통이다.

미래의 예측도구로 사용하는 것은 변수 책이다. 변화무쌍하다.

바른 투자자의 모습이란 과거와 현재를 공부한 후 미래를 공부하는 것이다.

미래부터 공부하는 자는 미련하다. 어리석다. 모든 일에는 순서가 있기 마련이다. 투자에도 순서가 있다. 중요한 것부터, 필요한 것부터 시작하라.

투자자가 가장 먼저 할 일은 교과서 공부를 완벽하게 소화하는 것이다. 그러고 나서 각종 참고서가 필요한 것이다. 교과서를 모르면 참고서 사용법을 알 도리가 없기 때문이다.

단, 참고서 선택이 매우 중요하다. 변수의 책이므로 자신의 체질과 처지 등을 고려해 선택하자. 자신의 경제 사이즈에 맞지 않은 옷(책)을 입는다면 거동, 이동할 때 큰 불편함이 몰려올 것이다. 사용 목적에 따라 부동산 책이 달라지는 것이다.

잊지 말아야 할 것은 교과서는 기초를 다룬 책이고 참고서는 기준을 다룬 책이라는 것이다. 참고서 보기 전에 반드시 교과서의 특질부터 바로 인지하자.

기본과 기초가 부실한 기준(노하우)은 병든 기준이라 지속력이 떨어진다. 고장 난 노하우를 사용하면 뇌를 크게 다친다.

요컨대 자본의 재료가 곧 기본인 것이다. 기본을 상실한 자본 역시 병든 지경이다. 병든 돈의 지속력은 많이 떨어진다. 필자가 많은 경험 속에서 터득한 '강한 진리'다.

100

대한민국에서의
3대 성공조건

토지 투자의 리스크 크기를 확 줄이는 방법이 있다.

1. 역세권의 현재가치와 미래가치(개발계획상태)에 투자하기
2. 대기업의 현재가치와 미래가치에 투자하기

역세권의 희소가치와 대기업의 희소가치는 대도시 형성의 중요한 도구가 될 수 있어 투자자에게는 중요한 관심거리와 이슈거리, 먹을거리다.

투자자는 역세권 가치와 더불어 대기업 가치에 집중할 필요가 있는데, 우리나라 대기업 재벌의 특징 중 하나가 바로 지상 최고의 부동산 전문가라는 사실 때문이다. 거의 실수가 없다.

대한민국 최고의 맹지 전문가가 대기업이다. 대기업이 관심을 두는, 관여하는 맹지는 주거지나 상업지로 대변신한다. 대한민국의 대기업과 대학교가 보유한 부동산 규모가 상당하다.

사업용 토지를 많이 보유한 재벌과 비사업용 토지를 가지고 있는 기획 부동산 회사의 희소가치의 차이가 크다. 사업용 토지와 비사업용 토지의 차이는 개발능력(+정보력 등)과 연관된다.

대한민국에서의 3대 성공조건

1. 부동산 희소가치의 주인이 되어야 한다. 무조건 부동산 주인이 된다고 좋은 건 아니다. '부동산의 가치'를 보유해야 한다. '싼 땅'보다는 '가치가 높은 땅'을 보유해야 한다.

2. 대기업 가치를 적극적으로 인정하고 응원한다. 비판하지 않는다. 대기업 비리를 연구하고 분석하기보다는 그들의 강점 모색에 집중한다. 대기업 가치는 백화점의 존재감을 통해 통감할 수 있다. 주변 가치를 예의주시하라.

복합쇼핑몰 주변 가치는 대기업 가치의 다른 말이다. '복합'이란 주변 가치와의 '단합'을 의미하며 그 영향력과 잠재력은 대단하다. 대기업 쇼핑몰의 주변 유동인구를 흡수하는 흡입력이 대단하다. 일명 빨대효과다.

3. 사람의 가치를 수용, 용납하라.

노동인구 : 노동력이 곧 잠재력

경제재벌과 정치권력의 깊은 유대 관계 : 대기업의 정보력이 높기 때문

정치는 '정보'의 다른 말(표현)이고, 정책과는 확연히 다르다. 정치인 옆의 땅에 돈을 던지는 이유다. 희소가치의 의미를 절감하게 되는 순간이다.

요컨대 '희소가치의 기준을 발견'하는 것이 노하우다.

(실례)

대기업과 인력(인구, 사람) 관계 : 사용자의 가치와 노동자의 가치가 연계될 때 비로소 희소가치라는 기회를 발견할 수 있다.

대기업 가치는 배신하기가 쉽지 않다. 그러나 역세권은 변수가 많다. 역세권 가치가 모두 똑같다는 사고는 위험하다.

역세권의 위치와 방향이 다 다르기 때문이다. 1번 출입구의 성격과 2번 출입구의 성격이 같을 리가 만무하다. 정문과 후문의 가치차이가 크다. 가격이 다르고 가치가 다르기 때문이다. 사람의 열 손가락 역할이 다 다르듯 역세권의 여러 개 출입구 역할도 다 다르다.

개발지의 역할도 이와 다르지 않아 같은 이치를 따른다. 어느 한 공간을 개발할 때는 개발범위가 한정되어 있다. 규제지역이 반드시 존재하기 때문이다. 대한민국 모든 공간은 보전가치가 개발가치보다 더 높다. 대자연의 범위가 반드시 대도시 범위보다 더 광대하기 때문이다. 국토를 대별할 때 수도권과 비수도권으로 구분해서 평가내역을 발표하는 이유이리라.

보전공간 안에 개발공간이 형성되기 마련이다. 규제지역을 개발하는 것이다. 즉, 규제지역이 개발의 바탕화면인 셈이다. 도시 배치구조가 일률적인 까닭이리라.

(예) 주거지역과 상업지역 공업지역 녹지지역은 항상 반드시 연동하는데, 이때 반드시 녹지지역 비율이 가장 높아 용도지역과 용도지역을 연결시키는 징검다리 역할을 녹지지역이 하고 있는 것이다. 보전가치가 높지만, 개발을 준비한다. 언제든지 인구유입현상이 일어날 수 있기 때문에 항시 대기 중인 것이다.

대기업이 규제지역에 집중하는 건 경제논리를 반드시 따르기 때문이다.
1. 규제지역을 개발하는 것 : 신도시 및 미니신도시(택지개발지구)
    무 → 유
부동산 세계에서의 '무'상태란 무소유의 뜻이 아닌 '대자연상태'를 의미한다.

생지상태에서 대지로 변화하는 과정을 거칠게 거친다.

2. 개발지역을 또 다른 형태로 개발하는 행위 : 재개발과정

입지변화 대신 더 큰 진화를 꿈꾼다.

　유(철거대상) → 유(완성과정)

대지가 다른 형태의 대지로 진화하는 과정을 역시 거칠게 거친다.

유의사항이 있다. 방심은 금물이다.

개발의 밥상이 잔뜩 차려져 있어 자칫 잘못하다간 가치가 사치, 잔치(낭비)로 방치(존치)될 수 있다. 지역공실의 우려가 크다. 공급과잉이 일어난다. 가치가 추락한다.

101

나 스스로 투자의 십계명을
만들 수 있을 때 투자하라

개인적으로 토지 투자 십계명을 만들 수 있을 때가 투자의 적기다.
설령 실수해도 남 탓을 절대로 하지 않는다.

달라지고 있는 토지 투자 십계명

계명 1 수도권과 비수도권의 토지 투자 방식이 확연히 다르다.

이를테면 수도권의 경우 지분 투자가 가능하나, 비수도권은 지분보다는 단
독필지를 선택하라. 수도권의 접근도, 집중도, 관심도(이슈거리)가 여전히 비수도
권을 압도하고 있다. 수도권의 관심도가 비대하다.

계명 2 기획 부동산 회사 사용법을 완벽하게 익혀라.

소액 땅 투자자에게 중개업소는 사치다. 중개업소는 실수요 중심으로 영업
중이다.

계명 3 맹지 공부를 대충하지 마라.

수도권 맹지와 비수도권 맹지상태가 확연히 다르므로 그에 따른 변수도 공
부하라. 맹지 입지의 차이가 심하다. 수도권 전철노선의 다양화와 다변화의 영

향이 너무도 크기 때문이다. 지금도 연장노선이 출현하고 있지 않은가.

계명 4 환금성의 차이를 정복, 극복하는 데 심혈을 기울이라.

아파트의 환금성과 땅의 환금성을 비교분석하라. 땅의 환금성이 훨씬 높기 때문이다.

전반적으로 볼 때 아파트 거래량보다 땅 거래량이 훨씬 많기 때문이다. 찾는 자가 수적으로 우위에 있다.

앞에서도 언급했듯 대기업건설사는 맹지 전문가다. 입지 좋은 맹지가 바로 아파트의 재료인 것이다. 도로의 재료도 마찬가지다. 전국적으로 크고 작은 도로 공사가 지금도 진행 중이다. 그 시간 땅 거래도 이루어지고 있다. 각종 시설물 공작물과 관련된 것도 마찬가지다.

입지 좋은 맹지는 인기도와 집중도가 높다. 땅의 환금성이 높은 건, 소액 투자가 가능해서 젊은 사람들도 대출 없이 총투자액 1,000만 원으로도 가능하기 때문이다. 반면 아파트는 대출 없이는 젊은 사람이 사기는 무리다. 싼 땅은 있어도 싼 아파트는 없다. 국토의 특징 때문이다.

개발 공간(비싼 땅의 공간) 〈 **미개발공간**(규제 공간, 싼 땅이 있는 공간)

완성도 높은 부동산보다 완성도 낮은 부동산이 훨씬 많다. 완성도 높은, 입지가 괜찮은 맹지보다 입지가 형편없는 맹지가 훨씬 많다. 싼 땅이 많은 이유다.

계명 5 눈치작전보다 가치에 집중하라.

(예) 잠재가치의 재료가 곧 희소가치

군중심리에 의해 움직이지 마라.

친구 따라 강남 가지 말고 내 주관대로 움직이라.

거짓 브리핑에 속지 마라.

(예) 지금은 지분상태지만 나중에 단독필지가 가능하다, 지금은 맹지지만 나중에 도로개설이 가능하다 등

수도권에 투자할 때는 4가지 요소에 의해 움직이라.

'수도권 요지(괜찮은 입지) + 맹지(괜찮은 입지) + 지분거래 + 개발이슈의 다양화와 다변화'

이 중의 하나라도 빠지면 너무 위험하다.

계명 6 땅과 아파트의 차이를 공부하라.

내 집 앞에 새 아파트가 입성하면 내 집의 가격은 하락한다. 그러나 내 땅 앞에 아파트단지가 들어온다는 소문이 들리거나 아파트가 입성한다면, 내 땅의 가치는 높아진다.

주변 가치의 차이다. 미완성물인 땅 인근에 완성물이 입성하면 미완성물에 큰 자극제가 된다(물리적 경제적 자극).

계명 7 규제의 특징도 공부하자.

장기규제는 해제보다는 완화에 집중하는 것이 현실적이다.

(예) 그린벨트 완화 〉 해제

해제공간에 아파트가 입성하므로 개별성이 낮다.

상대적으로 공익성은 점점 높아지고 있다.

계명 8 기획 부동산 회사와 중개업소의 차이도 공부하라.

기획 부동산 회사와 대기업의 차이도 스스로 터득하라.

기획 부동산 회사는 소액 땅 투자자 모집 공간(매매하는, 땅값 올리는 공간)이다.

중개업소는 실수요자 상황을 중개하는 공간이다.

대기업건설사는 맹지를 통해 아파트 지어 아파트에 거품을 주입시키는 일등공신이다.

새 아파트가 생길 때마다 새로운 투자자가 등장한다.

소액 땅 투자자가 중개업소에서 땅을 사거나 추후 되팔 때 방문하는 일이 생기면 반드시 사건이 생긴다.

중개업소에서는 소액 땅 투자자에 관해 관심이 없기 때문이다. 소액 땅 투자자는 땅을 투자하거나 되팔 때 중개업소에 절대로 가지 마라. 오해와 불신만 야기한다.

계명 9 인기와 인구의 차이도 연구대상이다.

인기 있는 공간보다는 인구가 증가하는 공간이 더 유리하다. 화려하거나 거대한 외모에 혹하지 마라. 변화의 바람과 이슈에 관심도를 높이라. 성공확률이 높아진다. 높은 인기와 관심도가 용도를 변환시키지 않는다. 높은 인구증가율을 통해 자연녹지지역이 주거지역으로 변하는 것이다.

계명 10 '기획'이란 '실수요'가 아닌 '투자'의 목적이 다분하다.

양두구육에 유의하라. 개(투자) 판매업자가 양(건설)을 판매한다는 쇼를 한다.

토지 투자 십계명과 수도권 인구의 공통점은 계속 변화 중이라는 것이다. 내가 계속 변해야 하는 이유이고, 공부해야 하는 이유다. 10년 전의 땅 투자 노하우 노트를 지금 꺼내 그대로 사용하면 사기당하기에 십상이다.

변하지 않으면 투자에 실패한다.

부록

대한민국의
부동산 송사(≒역사)

1962. 2 울산공업단지조성(최초의 공업단지)

1965. 1 제2한강교(현 양화대교) 개통

1966. 3 국세청 발족

1966. 8 토지 구획정리사업법 제정

1968. 1 여의도 개발사업 착공

1968. 2 경부고속도로 착공

1968. 11 서울 전차 퇴역

1968. 12 경인고속도로 개통

1969. 12 제3한강교(현 한남대교) 개통

'대한민국 주택시장의 흐름에 영향을 미친 요인(사안)들'

1975 양도소득세 신설

1983 채권입찰제 실시

1988 올림픽 특수, 분양가 자율화 검토

1989 수도권 신도시 건설

1990 주택임대차보호법 개정

1993 금융실명제 실시, 재건축 기준 완화

1995 부동산실명제 실시

1998 분양가 자율화

1999 분양권 전매허용

대한민국 부동산 역사(과거)를 기록하다

1970. 3. 1 건국대 행정대학원에 부동산학과 신설

1971. 7. 30 그린벨트 첫 지정

1971. 10. 30 여의도 시범아파트 입주

1972. 12. 22 주택건설촉진법 제정

1975. 1. 1 양도소득세 신설(부동산 투기 '억제세' 폐지)

1975. 12. 31 전국 땅값 평균 26.3% 상승

1977. 7. 1 부가가치세 신설

1977. 12. 31 전국 땅값 평균 33.5% 상승

1978. 2. 4 주택청약예금제도 실시

1978. 12. 31 전국 땅값 평균 48.9% 상승

1981. 3. 5 주택임대차보호법 제정

1981. 4. 14 택지개발예정지구 첫 지정(서울 개포지구, 고덕지구)

1983. 1. 1 평(坪) 대신 m법의 ㎡(평방m) 사용 의무화

1985. 8. 5 토지 거래허가제 첫 실시

1985. 9. 22 공인중개사 자격시험 실시

1989. 3. 31 종합주가지수 1,000포인트 첫 돌파

1989. 4. 27 분당 및 일산신도시 건설계획 발표

1991. 9. 30 분당신도시 입주

1992. 8. 31 일산신도시 입주

1992. 11. 12 영종도 신공항(현 인천공항) 착공

1992. 12. 24 농업진흥구역 지정(전체 농지의 48.2%)

1995. 7. 1 부동산실명제 시행

1995. 10. 8 아파트를 분양받은 즉시 임대 허용

1995. 12. 28 제2경인고속도로 전 구간 개통

1997, 1998, 2000년 4/4분기에 각각 0.18%, 0.2%, 0.46% 땅값 하락

1997. 12. 15 영통지구 입주

1998. 4. 1 경기도 김포시 승격

1998. 8. 1 택지소유상한제 폐지

1999. 3. 23 분양권 전매제한 완전폐지

2000. 11. 10 서해대교 개통

2000. 11.21 인천공항고속도로 개통

2003년부터 2기 신도시 건설 시작(서울 부동산 가격폭등 막기 위해 참여정부가 추진한 사업)

2018. 9. 21 3기 신도시 발표(문재인 정부가 9.21주택공급대책에서 언급)

추천 유튜브 채널(현실적이고 양심적이고 안정적인 부동산 채널)

1. 광수네 복덕방(이광수 대표)

2. 한문도tv(한문도 교수)

3. 표영호tv(표영호 대표)

(주의) 비현실적이고 한방 노림수를 알려주는 책과 유튜브도 많으니 주의하시기 바람!

20년을 훨씬 넘게 부동산을 접한 필자 생각으로는 성공한 삶보다는 성숙한 삶이 더 낫다고 본다. 성공한 삶은 단명이지만 성숙한 삶은 여유로워 영원하기 때문이다.

성숙한 삶을 위해서는 좋은 사람과 좋은 책, 그리고 좋은 유튜브를 만나야 한다고 본다. 이 세 분의 전문가를 매일 만난다면 실수와 후회 없는 삶이 될 것이라 확신한다.

단지 사람은 늘 변질의 대상이지만 부동산 특히 토지는 변화의 대상이라는 사실을 잊지 말아야 할 것이다.

토지 투자자에게
반드시 필요한 지식 101

제1판 1쇄 2024년 7월 30일

지은이   김현기
펴낸이   한성주
펴낸곳   ㈜두드림미디어
책임편집 이향선
디자인   얼앤똘비악(earl_tolbiac@naver.com)

㈜두드림미디어

등록   2015년 3월 25일(제2022-000009호)
주소   서울시 강서구 공항대로 219, 620호, 621호
전화   02)333-3577
팩스   02)6455-3477
이메일   dodreamedia@naver.com(원고 투고 및 출판 관련 문의)
카페   https://cafe.naver.com/dodreamedia

ISBN   979-11-93210-91-8 (03320)